맛있게 먹으면서 치료하는 맞춤 식단

당뇨병 다스리는
최고의 밥상

동아일보사

신경균 포천중문의대 분당차병원 가정의학과 교수

신경균 포천중문의대 분당차병원 가정의학과 교수

이 책을 감수한 사람들

먹으면서 치료하는 당뇨병 최신 정보

최근 들어 급격히 증가하고 있는 질환 중 대표적인 것이 당뇨병이다. 미국 통계를 보면 전인구의 1%가 당뇨병으로 고생한다고 하는데 어느새 우리나라도 그 수준이 된 것 같다.

먹는 음식 전체의 칼로리가 증가하고 운동량이 줄어들면서 비만이 늘어나는 추세가 서구와 비슷해져 가고 있는 것이다. 더 큰 문제는 자신이 당뇨병에 걸려 있다는 것을 모르거나, 알고 있어도 일반적인 대처 방법을 잘 모르는 경우가 대부분이라는 것이다.

이 책은 음식까지 우리나라 사람들의 입맛에 맞게 세세히 신경 쓴 책이다. 감수를 하면서도 음식과 연관 있으면서 당뇨병에 대한 최신지견의 내용을 담을 수 있도록 노력했다. 이 책이 당뇨병에 걸린 분들에게 정말 유용하게 쓰일 수 있기를 바란다.

연세대학교 의과대학을 졸업하고 신촌 세브란스병원 가정의학과를 수료했다. 연세대학교 의과대학 가정의학교실 연구 강사와 건양대학교 의과대학 가정의학교실 전임 강사를 지냈으며 대한가정의학회 교육위원과 대한노화방지연합회 재무이사로 활동했다. 현재 포천중문의대 분당차병원 가정의학과 교수이다.

김장현 동국대학교 한의학과 교수

김은미 강북삼성병원 영양실장

당뇨병의 유형·체질·나이 따라 먹는 법도 달라져야

당뇨병은 근본 원인을 없애면 쉽게 관리할 수 있는 병이다. 비만이 원인이면 체중을 조절하고 과식과 운동 부족이 원인이면 운동을 적절히 하면 된다. 과로와 과음, 무절제한 성생활 등으로 인해 당뇨병이 생기면 생활 태도를 교정하면 된다. 무조건 약물을 사용하는 것은 옳지 않으며 평소의 생활 관리가 우선되어야 한다.

평소의 당뇨병 치료나 관리는 당뇨병의 유형, 체질, 나이, 생활 환경과 습관, 다른 병의 병발 유무에 따라 방법을 다르게 적용해야 한다. 이 책에는 가급적 한쪽으로 치우치지 않고 가장 보편적인 내용을 소개하는 데 힘썼다. 당뇨병은 병력 기간이 오래 되면 합병증이 나타날 수 있으므로 올바른 관리와 정기적인 검사로 건강을 유지하는 것이 중요하다.

당뇨는 다스리고 건강은 지켜 주는 균형 식단

당뇨병 환자의 식사는 특별한 식사가 아니다. 자신에게 필요한 영양소를 균형 있게 섭취하는 건강식이라고 할 수 있다. 일반 사람들에게도 권장되는 식사가 바로 당뇨병 식사이다. 다만 당뇨병 환자는 음식을 필요량보다 많이 먹으면 혈당이 높아지는 것이 문제인데 혈당을 조절한다고 식사량을 지나치게 줄이거나 일부 음식으로 편중된 식사를 하게 되면 영양의 필요량을 충족시키지 못해 건강을 해칠 수 있다.

이 책에 소개한 식단은 식사마다 영양의 균형을 유지하면서 우리 입맛에 잘 맞고 집에서 쉽게 조리해 먹을 수 있는 음식 위주로 짰다. 평소 피해야 했던 음식도 재료나 조리법, 섭취량을 조정해 당뇨병 치료에 지장을 주지 않고 먹을 수 있게 했다. 즐거운 마음으로 식사를 조절하면 단순히 혈당을 조절하는 것 이상의 이득을 얻을 수 있을 것이다.

경희대학교 대학원을 졸업하고 한의학박사 학위를 취득했다. 동국대학교 부속 분당한방병원 병원장과 대한한의학회 부회장을 역임했고 현재 동국대학교 한의학과 교수이다. KBS TV 프로그램 〈무엇이든 물어보세요〉와 MBC TV 프로그램 〈임성훈, 이영자입니다〉 등에 출연했으며 MBC 창사 기념 특별 기획 드라마 〈허준〉과 〈대장금〉의 자문을 맡았다. 저서로 〈동의소아과학〉 〈소아수기의학〉 등이 있다.

연세대학교 식품영양학과와 동 대학원을 졸업했다. 서울특별시 병원영양사회 회장을 역임하고 대한당뇨병학회 식품영양위원회와 대한비만학회 연수위원회 위원으로 활동했다. 현재 강북삼성병원 영양실장으로 환자들의 식사를 책임지고 있다.

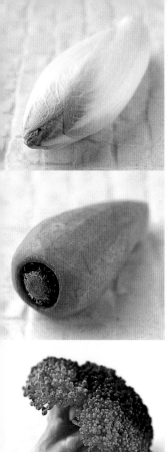

Contents

Part 03
집에서 식단을 짜려면?

일러두기

■ 이 책은 당뇨병 환자를 위한 식단이면서 영양소를 균형있게 섭취할 수 있는 균형 식단이므로 일반 사람들도 이용할 수 있습니다.

■ 사진의 모든 음식은 1인분을 기준으로 하였습니다. 가족이나 여러 사람이 함께 먹을 때는 사람 수만큼 재료의 양을 늘리면 됩니다.

■ 당뇨병 환자의 섭취 칼로리는 개인에 따라 다르지만 보통 기준이 되는 하루 1600kcal 1주일 식단을 제시했으며 필요에 따라 칼로리를 조절할 수 있도록 1200kcal, 1400kcal, 1800kcal, 2000kcal 식단을 소개했습니다.

■ 입맛에 따라 식단을 짜서 먹을 수 있도록 식단 짜는 법을 알기 쉽게 설명했으며 당뇨병에 좋은 식품에 대한 이야기도 담았습니다.

■ 이 책에 제시된 식단의 재료가 없을 때는 식품교환표를 보고 같은 군 안에서 바꾸어 먹어도 됩니다.

■ 사진은 실제 음식의 양과 차이가 날 수 있으므로 레서피의 양에 맞춰 조리해 먹는 것이 좋습니다.

Part 01

당뇨인이
꼭 알아야 할 7가지

당뇨병 환자는 자신이 반 의사가 되어야 한다.
식습관과 생활습관은 물론 혈당치를 매일 체크하고 알맞은 운동을
하는 등 평소 관리가 무엇보다 중요하기 때문이다.
병에 대해 아는 것이 빨리 낫는 길이다. 당뇨병 증상을 체크하고
식이요법과 운동 등 혈당을 낮추기 위해 무엇을
어떻게 해야 하는지 알아 둔다.

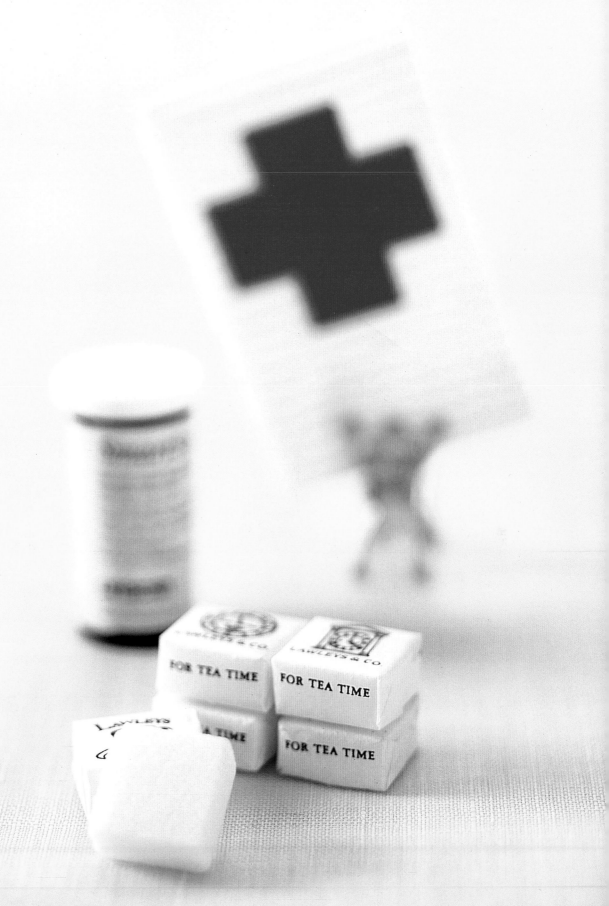

다뇨·다음·다식의 3다 증상이 대표

당뇨병에 걸리면 소변의 양이 많아지고 물을 많이 마시며 많이 먹는다. 이것이 당뇨병의 대표 증상이다. 이런 증상이 나타나면 이미 당뇨병이 어느 정도 진행되고 있는 것이므로 바로 병원을 찾아야 한다.

포도당이 뭐길래?
포도당은 우리 몸의 중요한 필수 연료다. 음식을 먹으면 탄수화물이 분해되어 포도당으로 바뀐다. 포도당은 장에서 핏속으로 흡수되고, 인슐린의 도움을 받아 에너지원으로 바뀐다. 인슐린이 제 역할을 하지 못해 핏속의 포도당이 많아지는 것이 바로 당뇨병이다.

당뇨병이 아닌데 소변에 당이?
위 수술을 받거나 신장 기능에 이상이 있는 경우 소변에 당이 나올 수 있다. 또한 밥을 먹으면 일시적으로 혈당치가 올라가는 사람이 있다. 이런 경우 곧 다시 혈당치가 내려온다면 치료를 받지 않아도 괜찮다.

소변에 당이 섞여 나온다

포도당을 에너지원으로 바꾸는 인슐린이 잘 분비되지 않거나 제 기능을 하지 못하면 포도당이 제대로 이용되지 못하고 핏속을 떠돌게 된다. 혈중 포도당 농도가 자꾸 높아지면 우리 몸은 생리적으로 위험한 상태가 되기 때문에 남아도는 포도당을 소변으로 내보내게 된다. 이로 인해 소변에 거품이 생기고 냄새가 날 수 있다. 하지만 이런 증상이 나타난다고 해서 모두 당뇨병은 아니다. 다른 병이 있거나 정상인 경우에도 소변에 거품이 생기거나 냄새가 날 수 있으므로 전문의와 상의하는 것이 좋다.

소변을 많이 본다

핏속에 포도당이 많아지면 피가 진해져 삼투압 현상이 나타난다. 수분을 밖으로 내보내려 하므로 소변을 자주 보게 되고 소변의 양도 늘어난다. 보통 사람은 소변량이 하루 1~1.5ℓ 정도이지만 당뇨병 환자는 2ℓ 이상이 된다.

물을 많이 마신다

소변의 양이 늘면서 몸 속의 수분은 자꾸 빠져나가고 이로 인해 탈수 현상이 나타나 갈증을 느끼게 된다. 하루에 몇 리터씩 물을 마시는 사람도 있다. 수분이 빠져나가면서 피부가 건조해져 가려움증도 생긴다.

식욕이 왕성해진다

체내 대사에 이상이 생겨 포만감을 느끼지 못하고 충분히 먹어도 만족하지 못한다. 공복감이 계속되어 자꾸 먹게 되는 것이다. 또한 혈당치가 높으면 단맛을 잘 느끼지 못해 더 강한 단맛을 찾게 된다.

먹어도 살이 빠진다

많이 먹으면서도 살은 점점 더 빠진다. 인슐린이 부족해져 포도당이 이용되지 않고 밖으로 빠져나가면서 포도당 대신 단백질이나 지방이 에너지원으로 쓰이기 때문이다. 이런 증상은 인슐린 의존형 당뇨병 환자에게서 특히 많이 나타난다. 심하면 2~3개월 동안 10kg 이상 빠지기도 한다.

피로하고 기력이 없다

당뇨병에 걸리면 몸이 무겁고 쉽게 피곤하며 권태감이 온다. 에너지원인 포도당이 핏속에는 있지만 세포 내에서 이용되지 못하기 때문에 필요한 에너지를 제대로 공급받지 못하는데다 탈수 상태가 되어 기운이 떨어지는 것이다. 성욕도 쉽게 감퇴되어 심리적으로 피로를 더 느낄 수 있다.

종기·습진 등이 잘 생긴다

혈당 조절이 잘 되지 않으면 감염에 대한 저항력이 떨어진다. 혈당치가 높은 상태가 지속되면 병원균이 침입했을 때 이에 맞서는 백혈구의 기능이 떨어지기 때문이다. 종기나 습진, 무좀 등 감염성 질환이 잘 생기고 염증도 쉽게 생긴다. 소변에 당이 섞여 나오므로 여성은 외음부 소양증이 생기기도 한다.

증상이 없어도 방심은 금물
초기 단계에는 증상을 거의 느끼지 못하는 경우가 많다. 당뇨병은 시간이 지나면서 여러 가지 합병증을 일으킬 수 있다. 증상이 없어도 혈액 검사에서 당뇨병이라고 진단 받았다면 곧바로 생활습관을 고치고 치료를 시작해야 한다.

이런 사람은 당뇨병 검사를!
- 40세 이상의 비만한 사람
- 가까운 친척 중에 당뇨병 환자가 있는 사람
- 다음, 다식, 다뇨, 피로감, 체중 감소 등의 증상이 있는 사람
- 고혈압, 췌장염, 내분비 질환, 담석증 등이 있는 사람
- 다이아자이드계 혈압강하제나 부신피질 호르몬인 스테로이드계 신경통 약을 오랫동안 복용한 사람

상처가 잘 낫지 않는다

당뇨병에 걸리면 단백질 합성이 잘 안 될 뿐 아니라 오히려 파괴된다. 때문에 체내 조직의 회복 능력이 떨어져 상처가 나면 잘 낫지 않는다.

---

doctor's advice
당뇨병의 판정 기준

보통 혈액 검사 결과 공복일 때 혈당치가 126mg/dl 이상이거나 식사 2시간 후의 혈당치가 200mg/dl 이상이면 당뇨병으로 진단한다. 혈당치는 식사나 운동을 하면 변하기 때문에 오르내리기는 하지만, 건강한 사람의 혈당치는 공복일 때 70~100mg/dl, 높아도 110mg/dl를 넘지 않는다. 공복시 혈당치가 110~125mg/dl인 경우는 '내당능장애'라고 하여 당뇨병의 전단계로 본다. 이 경우는 당뇨병은 아니지만 앞으로 당뇨병으로 발전하거나 동맥경화를 일으킬 가능성이 있다. 최근에는 공복시 혈당치가 110mg/dl 이상인 경우도 당뇨병으로 진단하는 추세다. 내당능장애가 있는 사람은 당뇨병 환자와 마찬가지로 과식, 운동 부족, 음주, 흡연 등 잘못된 식습관을 바로잡고 생활습관을 고쳐야 한다. 특히 허리둘레를 줄이는 것이 무엇보다 중요하다. 남자는 90cm, 여자는 80cm 이내로 줄여야 한다. 실제로 내당능장애가 있는 사람이 2년 동안 체중을 줄이고 운동을 하면 당뇨병이 생길 위험이 58% 정도 줄어든다고 한다. 당뇨병의 가능성이 있는 사람은 정확한 판정을 위해 당부하 시험을 한다. 당부하 시험은 75g의 포도당을 먹고 혈당치를 검사하는 것이다. 포도당을 먹기 전과 먹고 나서 30분 후, 1시간 후, 2시간 후의 혈당치를 측정해 혈당치의 변화로 당뇨병 여부를 판단한다. 이때 30분이나 1시간 후의 혈당치는 당대사 이상 여부나 당뇨병의 상태를 판단하는 자료로 쓸 뿐 당뇨병의 판정 기준이 되지는 않는다.

당부하 시험의 판정 기준

	공복시	식후 2시간
당뇨병	126mg/dl 이상	200mg/dl 이상
내당능장애	110~125mg/dl	140~199mg/dl
정상	110mg/dl 미만	140mg/dl 미만

잘못된 식습관 & 생활습관

> 당뇨병의 원인은 대부분 과식이나 운동 부족에 있다. 유전 인자를 가지고 있다고 해도 올바른 식생활과 운동으로 평소에 관리하면 당뇨병을 얼마든지 피해 갈 수 있다. 특히 뚱뚱하거나 임신 중이면 더욱 조심해야 한다.

check 1 평소 식습관과 생활습관은 올바른가?

과식하는 습관이 있다

인슐린 감수성이란?
인슐린을 세포가 인식하는 정도를 말한다. 인슐린 감수성이 높으면 그만큼 인슐린을 효율적으로 쓸 수 있고, 낮으면 인슐린이 아무리 많이 분비되어도 제대로 쓰지 못하게 되는 것이다. 실제로 인슐린이 잘 분비되지 않아 당뇨병에 걸리는 경우는 10%에 불과하다. 당뇨병 원인의 90%는 인슐린 감수성이 낮기 때문이다.

음식을 먹으면 핏속의 포도당이 늘어나는데, 이때 췌장은 인슐린을 분비해 이를 조절한다. 인슐린은 포도당을 흡수해 에너지원으로 바꾸는 역할을 한다. 과식을 하면 혈당량이 너무 많이 늘어 췌장은 끊임없이 인슐린을 분비하느라 무리하게 일을 하게 된다. 사람도 과로하면 병이 나듯이 췌장도 쉬지 않고 일을 하다 보면 기능이 떨어지게 마련이다. 음식은 계속 먹는데 인슐린이 제대로 분비되지 못하거나 인슐린이 많이 나와도 여기에 반응하는 인슐린 감수성이 떨어지면 자연히 혈당치가 높아지면서 당뇨병에 걸리게 된다.

인스턴트 식품을 자주 먹는다

서양인들이 고기를 주식으로 하는 반면 우리나라 사람들의 식생활은 채식 위주로 한다. 그만큼 체질적으로 서양인에 비해 적은 에너지로 살 수 있는 것이다. 하지만 현대 사회에서는 서구화된 식생활로 인해 고기나 고칼로리 식품을 많이 먹게 된다. 필요한 에너지가 상대적으로 적은 우리 체질에는 서구화된 식생활로 인해 칼로리가 남아돌게 되고, 이것이 비만으로 이어져 당뇨를 부를 수 있다. 젊은 사람은 활동량이 많아 고칼로리 식품을 먹어도 바로바로 소비할 수가 있지만 중년이 되면 에너지 소비량이 줄기 때문에 고기와 인스턴트 식품을 자주 먹으면 비만이 될 수 있다.

짠 음식 · 단 음식을 좋아한다

한식이 양식보다 대부분 칼로리가 적긴 하지만 짜게 먹는다면 문제가 될 수 있다. 소금은 혈당치가 오르는 데 직접 영향을 주지는 않지만 고혈압의 원인이 된다. 혈압이 높은 사람도 당뇨병에 걸릴 위험이 있으므로 주의해야 한다. 또한 음식이 짜면 밥을 많이 먹게 되어 간접적으로 혈당량을 늘릴 수 있다. 단 음식이 좋지 않은 것은 이미 알려진 사실이다. 설탕, 케이크, 초콜릿 등 단 음식을 먹으면 당이 핏속으로 퍼져서 혈당치를 급상승시킨다. 이런 상황이 자주 발생하면 당뇨병으로 쉽게 진행된다.

아침식사를 거른다

아침식사를 거르면 비만과 당뇨병에 걸릴 위험이 높아진다는 연구 결과가 있다. 미국 노스웨스턴대학 의과대학의 예방의학 교수 린다 밴 혼 박사가 발표한 연구 보고서에 의하면, 아침밥을 먹지 않는 사람이 먹는 사람에 비해 인슐린 저항이 나타나거나 비만이 될 위험이 최고 55% 정도 높은 것으로 나타났다. 아침을 거르면 간식으로 도넛 같은 단것을 먹거나 점심 때 과식할 가능성이 높아지기 때문에 섭취 열량이 많아지고 혈당량도 늘어나 당뇨의 원인이 된다.

인슐린 저항성이란?
인슐린이 포도당을 세포로 운반하지 못하는 것이다. 때문에 혈액 속에 포도당이 많아지면서 혈당치가 올라가 인슐린 분비를 더 많이 필요로 하는 상태가 된다. 인슐린 저항성의 원인은 유전, 운동 부족, 비만, 스트레스 등으로 알려져 있다.

과음하는 날이 많다

술은 영양은 없고 칼로리만 높은 식품이라 혈당에 영향을 준다. 안주 역시 대부분 고칼로리 식품인데다 과식을 유발한다. 때문에 과음을 하면 비만이 될 수 있고 그로 인해 인슐린 저항성이 높아져 당뇨병을 일으킬 수 있다. 특히 알코올은 지방산을 늘려 인슐린 저항성을 높이고 결국에는 췌장에 무리를 주어 당뇨병을 부르게 된다.

담배를 많이 피운다

흡연도 당뇨의 적이다. 니코틴이 혈당 조절을 악화시키므로 흡연을 하면 혈당치 조절이 잘 안 된다. 또한 당뇨병은 혈관을 손상시키는 병이다. 흡연은 심장과 혈관계에 나쁜 영향을 주어 당뇨병의 합병증을 앞당긴다.

운동을 싫어한다

운동을 하면 많은 칼로리가 소모되기 때문에 우리 몸은 필요한 칼로리를 만들기 위해 당을 칼로리로 바꾼다. 혈당이 소비 칼로리로 빠져나가 혈당치가 낮아지는 것이다. 운동을 하지 않으면 그 역할을 인슐린이 해야 하므로 췌장의 부담이 커진다.

또한 운동 부족은 내장지방형 비만의 지름길이다. 내장지방형 비만의 경우 인슐린 저항성을 높이기 때문에 인슐린 수요가 늘어나 피하지방형 비만보다 당뇨병에 걸리기가 더 쉽다.

스트레스를 안으로 삭인다

한방에서는 화를 내거나 스트레스를 받으면 몸에 열이 나면서 피가 마르고, 그로 인해 췌장에도 피가 부족해져 인슐린 분비가 잘 안 된다고 한다. 양방에서도 스트레스를 만병의 원인으로 꼽는다.

특히 유전으로 당뇨병에 걸리기 쉬운 체질을 물려받은 사람은 스트레스를 조심해야 한다. 스트레스가 자꾸 쌓이면 인슐린 작용을 방해하는 호르몬이 분비되어 혈당량을 조절하지 못하게 되므로 당뇨병이 생길 수 있다.

check 2 나의 몸상태는 정상인가?

비만은 당뇨병의 예고편이다

뚱뚱한 사람은 몸을 움직이기 싫어한다. 열량 소모가 적기 때문에 인슐린이 더 많이 필요해지고 췌장은 인슐린을 분비하기 위해 힘겹게 일을 해야 한다. 하지만 췌장에서 인슐린을 생산, 분비할 수 있는 능력도 한계가 있다. 결국 인슐린이 부족해 당뇨병에 걸리게 되는 것이다.

또한 살이 찌면 인슐린의 활동 정보를 받아들이는 인슐린 수용체의 수가 적어져, 인슐린이 많이 분비된다 해도 제대로 작용하지 못한다. 이를 보완하기 위해 췌장만 더 혹사당할 뿐이다. 뚱뚱한 사람이 당뇨병에 걸릴 가능성은 그렇지 않은 사람보다 3~5배나 높다고 한다. 특히 복부 비만인 사람은 그렇지 않은 사람보다 더 높다. 비만의 정도가 심하고 기간이 길수록 확률은 더 높아진다. 비만은 당뇨병의 첫번째 원인이다.

임신하면 당뇨병에 걸리기 쉽다

임신을 하고 나서 당뇨병 증세를 보이는 경우가 있다. 아기를 낳고 나면 대부분 없어지지만 임신 중 혈당치가 높으면 임신중독증이나 양수과다증을 일으킬 위험이 있고 아기의 건강에도 좋지 않은 영향을 줄 수 있다.

임신성 당뇨병은 태아의 성장에 필요한 여러 가지 호르몬이 분비되면서 인슐린이 효율적으로 이용되지 못해 생기는 것으로 알려져 있다. 따라서 다른 당뇨병과 구분되며 치료 방법도 다르다. 당부하 시험에서 포도당을 먹기 전의 혈당치가 101mg/dl 이상, 먹고 나서 1시간 후에 181mg/dl 이상, 2시간 후에 150mg/dl 이상 중 2가지 이상이 나오면 임신성 당뇨병으로 판단한다.

임신부나 가족이 당뇨병을 앓은 적이 있는 경우, 임신부가 비만이거나 고혈압이 있는 경우, 이전에 4kg 이상의 거대아나 기형아를 낳은 적이 있는 경우, 유산이나 사산 경험이 있는 경우에는 발병할 가능성이 있으므로 주의해야 한다.

가족 중에 당뇨병 환자가 있으면 조심해야 한다

당뇨병은 크게 인슐린 의존형과 인슐린 비의존형으로 나눌 수 있다. 인슐린 의존형은 우리나라 당뇨병 환자의 2% 미만으로, 주로 어린이가 잘 걸리며 성인에게도 나타날 수 있다.

우리나라 사람들이 대부분 걸리는 당뇨병은 인슐린 비의존형이다. 인슐린 비의존형 당뇨병은 인슐린 의존형에 비해 유전적 원인이 크다. 부모가 양쪽 다 당뇨가 있으면 자식의 58%가, 한쪽 부모에게 당뇨가 있으면 자식의 27%가 당뇨병에 걸린다는 연구 결과도 있다. 특히 일란성 쌍둥이는 한 사람이 당뇨병에 걸리면 다른 사람도 당뇨병에 걸릴 가능성이 90%에 이른다고 한다.

인슐린 의존형은 증상이 갑자기 나타나지만 인슐린 비의존형은 초기에 증상을 잘 느끼지 못한다. 때문에 가족 중에 당뇨병이 있는 사람은 조심할 필요가 있다. 하지만 병 자체가 유전되는 것이 아니라 병을 일으키는 요인이 유전되는 것이므로 평소 생활습관을 주의하면 발병을 막을 수 있다.

나는 비만일까?
비만 여부는 체질량 지수로 알 수 있다.
체질량 지수(BMI)=체중(kg)÷키(m)²
체질량 지수가 20 이상~23 미만이면 정상 범위이고, 23 이상~25 미만이면 과체중, 25 이상이면 비만이다. 또 동양인의 경우에 허리둘레가 남자 90cm, 여자 80cm 이상이면 복부 비만으로 본다.

당뇨병 환자는 임신할 수 없나?
임신을 하면 인슐린 이용을 방해하는 요인들이 생기기 때문에 당뇨병을 악화시킬 수 있다. 혈당치 측정과 식이요법 등 각별한 주의가 필요하다. 무엇보다 임신 전부터 혈당 관리를 시작해야 하며, 경구 혈당강하제는 태아 기형의 원인이 되므로 쓰면 안 된다.

정기 검사로 세심한 관리가 중요

당뇨병 환자에게는 생활 관리가 매우 중요하다. 정기적으로 검사를 하면 식이요법과 운동요법, 약물요법이 잘 되고 있는지 알 수 있고 결과에 따라 유연하게 조절할 수 있어 병을 관리하는 데 도움이 된다.

채혈이 잘 안 될 때는?
손끝에 굳은살이 있거나 혈액 순환이 잘 안 되는 사람은 채혈하기가 힘들다. 이 경우에는 손을 따뜻한 물에 비누로 깨끗이 씻은 다음 손끝을 아래로 하여 마사지를 충분히 하고 채혈하면 효과가 있다.

일주일에 한두 번 자가 혈당 검사를 한다

자가 혈당측정기로 손끝에서 피를 약간 채취해 혈당을 검사한다. 가장 정확한 자가 검사법으로 인슐린 주사를 맞는 환자에게 특히 유용하다. 보통 일주일에 한두 번 일정 시간에 검사한다. 진단 초기에 약물의 양을 조절하거나 인슐린 요법을 시행하는 경우, 많이 아프거나 스트레스를 심하게 받았을 경우, 임신 중인 경우 등 세심한 혈당 체크가 필요할 때는 하루에 네 번 이상 검사한다. 공복시와 식후 2시간, 잠자기 전에 측정한다. 저혈당 또는 고혈당 증상이 있거나 운동량의 변화가 있을 때는 바로 검사한다. 검사 방법과 시간, 빈도는 전문의와 상담하여 정하고 검사 결과도 노트에 기록해 의사에게 보인다.

자가 혈당 검사는 이렇게!

1 채혈 전에 채혈할 손가락을 충분히 마사지한다. 채혈은 가운뎃손가락이나 약손가락에서 한다.

2 손가락 끝에서 채혈한다. 특히 손가락 끝 바깥쪽은 신경 세포가 많지 않아 아프지 않게 채혈할 수 있다. 알코올로 소독한 경우에는 알코올이 완전히 마른 뒤에 채혈한다.

3 한 번에 큰 핏방울을 검사용 테이프에 떨어뜨린다. 피의 양에 따라 결과가 다르게 나올 수 있다. 핏방울을 떨어뜨리는 부분은 손으로 만지지 말아야 한다.

4 핏방울을 떨어뜨린 테이프를 측정기에 끼워 혈당치를 측정한다. 결과가 너무 낮게 나오면 다시 한 번 검사한다.

병원에서 잰 혈당치와 다르다
집에서 자가 혈당측정기로 검사한 혈당치는 병원에서 검사한 혈당치와 10~15% 차이가 있을 수 있다. 병원에서 혈당 검사를 할 때 자가 측정기로 함께 측정해 수치를 비교해 보면 좋다. 측정기와 검사용 테이프는 정기적으로 점검한다.

하루 한 번 요당 검사를 한다

소변 검사용 스트립지에 소변을 묻혀 스트립지 색깔의 변화를 보고 혈당치를 알 수 있는 방법이다. 하루에 한 번 이상 시간을 달리하여 식후에 검사한다. 아침 식전에 검사할 경우에는 소변을 보고 나서 30분 뒤에 다시 소변을 보고 검사해야 정확하다. 한 번이라도 요당이 나오면 병원을 찾아야 한다. 단, 요당 검사는 혈당치가 낮은 경우 수치를 알 수 없고 물 섭취량 등 여러 요인에 따라 결과가 달라지는 단점이 있다.

아픈 날에는 물을 많이 마시고 푹 쉰다

심한 몸살 등으로 몸이 아플 때는 식사를 잘 하지 못해도 혈당치가 오히려 올라간다. 혈당치가 계속 높거나 열이 많이 나고 탈수 증상이 심하게 나타나면 빨리 병원을 찾아야 한다. 가벼운 상태라면 다음과 같이 관리한다.

■식사는 평소대로 하는 것이 좋다.

■물을 많이 마신다.

■휴식을 충분히 하고 몸을 따뜻하게 한다. 운동은 삼가는 것이 좋다.

■인슐린이나 혈당강하제는 평소 용량대로 투여한다. 식사를 못 하거나 구토, 설사를 하더라도 중단해서는 안 된다. 혈당 조절이 잘 안 되면서 면역성이 떨어져 증세가 더 심해질 수 있기 때문이다. 전문의와 상의해 조절한다.

■혈당 검사를 자주 한다. 환자의 상태를 보아 약물의 용량을 조절한다.

■혈당치나 요당 수치가 높게 나오면 케톤뇨 검사를 해야 한다. 소변에 케톤이 나오면 바로 병원으로 간다.

---

doctor's advice

당뇨병보다 더 무서운 합병증

당뇨병이 위험한 것은 병 자체가 아니라 합병증 때문이다. 혈당치가 높은 상태로 지속되면 혈관과 대사 기능에 장애가 생기고 면역력이 떨어진다. 혼수 상태에 빠지기도 하고 눈, 신장, 신경 등 온몸에 영향을 미쳐 실명, 요독증, 동맥경화, 족부괴저(발이 썩는 증상) 등이 오기도 한다. 심하면 목숨을 잃는 경우도 있다. 따라서 평소 혈당 관리가 아주 중요하다. 또한 감염증을 예방하기 위해 청결에 신경 쓰고 상처가 나지 않도록 조심해야 한다. 특히 족부괴저 등의 합병증이 생기면 잘 낫지 않고 오래 가므로, 평소 발 관리가 중요하다.

감염증 예방법
■과로를 피하고 규칙적인 생활을 한다. ■감기에 걸리지 않도록 신경 쓴다. ■외출 후에는 반드시 이를 닦고 손발을 깨끗이 씻는다. ■양치질은 하루 3번, 식후 3분 이내, 3분 이상 한다.

발 관리 요령
■오래 서 있거나 다리를 꼬고 앉지 않는다. ■거들이나 스타킹 등은 혈액 순환을 방해하므로 입지 않는다. ■손톱, 발톱을 일자로 깎는다. 너무 바짝 깎거나 가장자리를 파내는 것은 금물이다. ■매일 발을 씻으면서 발에 상처가 없는지 확인한다. ■발은 따뜻한 물과 순한 비누로 씻는다. 너무 뜨거운 물로 씻거나 세게 문지르지 않는다. ■마른 수건으로 발가락 사이의 물기를 잘 닦고, 로션을 발라 건조해지지 않게 한다. 이때 발가락 사이는 바르지 않는다. ■발에 상처가 나지 않도록 조심하고 가벼운 상처도 완전히 치료한다. ■머큐로크롬이나 티눈 약 등은 자극이 강하므로 바르지 않는다. ■발 감각이 둔해지므로 전기요나 난로 등에 화상을 입지 않도록 주의한다. ■순면이나 순모 양말을 신는다. ■발에 맞는 신발을 신는다. ■무좀이나 사마귀, 티눈 등이 생기면 병원에서 치료한다. ■발톱이 두꺼워지거나 색깔이 변하면 병원을 찾아야 한다.

당뇨병 환자가 지켜야 할 식사 요령

당뇨병을 치료하는 가장 좋은 방법은 식이요법이다. 섭취 칼로리를 제한하고 단 음식을 먹지 말아야 하며 규칙적인 식사와 고른 영양 섭취가 이루어져야 한다. 이를 지키지 않으면 혈당치가 높아져 병을 악화시킬 수 있다.

밥은 백미보다 현미가 좋다
쌀은 대부분 쌀눈과 쌀겨에 영양분이 들어 있다. 백미는 도정 과정에서 쌀눈과 쌀겨가 벗겨져 나가지만 현미에는 그대로 남아 있어 백미보다 영양소와 섬유질이 월등히 많다. 또 현미는 소화 흡수되는 시간이 오래 걸리는데다 혈당치가 천천히 올라가기 때문에 혈당을 유지하는 데 도움이 된다.

정해진 칼로리를 지킨다

우리나라 당뇨병 환자들은 과식으로 비만이 되어 병에 걸린 경우가 많다. 당뇨병 환자가 제일 먼저 해야 할 일은 체중을 조절하는 일이다. 섭취 칼로리를 낮춰 체중을 줄이는 것이 중요하다.

규칙적으로 식사한다

하루 세 끼를 정해진 시간에 먹는다. 식사를 거르면 과식할 수 있을 뿐 아니라 식사 간격이 너무 길거나 짧으면 혈당치가 올라간다. 하루 세 번 규칙적으로 식사해야 위와 장에도 좋고 혈당을 안정적으로 유지할 수 있다. 식사 시간을 지키면 생활의 리듬이 생겨 치료에 도움이 된다. 식사량도 정해 둔다. 하루에 먹을 양을 세 끼로 나눠 고르게 먹는 습관을 기르고 식품의 종류도 세 끼에 고루 분배하는 것이 좋다.

영양 밸런스를 맞춘다

알맞은 섭취 열량을 지켜야 하지만 식품을 가리는 것은 좋지 않다. 영양이 부족하면 치료에 방해가 되므로 골고루 먹어 영양 균형을 맞추는 것이 무엇보다 중요하다.

당뇨가 있기 때문에 탄수화물과 지방은 멀리 할수록 좋다고 생각하기 쉽다. 하지만 이것들은 단백질과 함께 우리 몸에 꼭 필요한 3대 영양소이므로 무조건 제한할 것이 아니라 필요한 만큼 섭취하도록 한다. 비타민과 미네랄은 영양소가 몸 속에서 효율적으로 이용될 수 있도록 도와 주므로 충분히 섭취하도록 한다. 영양소를 배분할 때는 탄수화물 55~60%, 지방 20~25%, 단백질 15~20%에 비타민과 미네랄을 더하는 것이 바람직하다.

음식을 싱겁게 먹는다

우리나라 사람들은 염분 섭취가 많아 권장량을 훨씬 웃돈다고 한다. 더욱이 당뇨병 환자는 소금의 양에 주의해야 하기 때문에 건강한 사람보다 더 싱겁게 먹어야 한다. 1일 염분 섭취량은 6~7g 정도가 적당하다. 조리할 때 소금을 적게 쓰고 염분이 많은 음식은 조금만 먹는 것이 좋다. 만두나 전 등 이미 간이 되어 있는 음식은 간장에 찍어 먹지 않도록 한다.

단 음식을 피한다

식품의 혈당 지수

	식품	혈당 지수
높은 식품군	백미	70~90
	흰 빵	70
	감자	80~100
	콘플레이크	84
	수박	70
중간 식품군	현미	50~60
	보리빵	65
	잡곡 시리얼	66
	아이스크림	64
	바나나	53
	파인애플	52
낮은 식품군	콩	18
	우유	27
	저지방 요구르트	33
	사과	36
	배	43
	오렌지	28

단것은 당뇨병 환자가 피해야 할 대표 음식이다. 음식을 먹고 나서 30분 뒤의 혈중 포도당량을 나타낸 수치를 혈당 지수(Glycemic Index)라고 한다.

혈당 지수가 높을수록 혈당치가 급격히 올라간다. 혈당 지수가 높은 식품은 인슐린 감수성을 떨어뜨리고 저항성을 높이므로 먹지 않는 것이 좋다.

특히 과자나 케이크, 초콜릿, 아이스크림 등은 혈당치를 급격히 올린다. 탄산음료와 주스, 소주나 양주 등의 술도 피해야 한다. 과일은 비타민과 미네랄이 풍부한 식품이어서 많이 먹는 게 좋을 것이라고 생각하지만 과당 형태의 당분이 들어 있는데다 많이 먹으면 칼로리 흡수량이 많아진다. 무가당 주스를 피해야 하는 것도 당을 첨가하지는 않았지만 과일 자체에 과당이 들어 있기 때문이다. 과일은 적당한 양을 지키는 것이 좋다. 음식을 만들 때는 양파나 과일즙 등 단맛이 나는 천연 재료를 넣어 설탕의 사용량을 줄인다.

지방의 섭취량에 주의한다

지방은 칼로리가 높기 때문에 당뇨병 환자에게는 아주 적은 양만 필요하다. 하지만 음식 곳곳에 지방이 숨어 있고 땅콩 같은 식품은 무심코 먹기가 쉬워 과잉 섭취할 수 있으므로 정해진 양을 넘지 않도록 주의해야 한다. 식빵에 버터를 바르거나 샐러드 드레싱을 듬뿍 뿌려 먹는 습관은 버린다. 조리할 때도 계량스푼을 써서 과용하지 않게 하고 찌거나 굽는 요리를 할 때는 식용유를 쓰지 않고 조리하면 더 좋다.

반면 지방은 세포나 호르몬 등을 구성하는 중요한 성분이기도 하다. 특히 생선

소금과 설탕을 줄이는 식초
짠맛과 단맛 대신 신맛을 살리면 맛있게 먹을 수 있다. 음식을 만들 때 식초로 신맛을 더해 소금이나 설탕의 양을 줄인다. 식초는 에너지 효율을 높이고 체지방을 줄이며 동맥경화를 예방하는 효과가 있다. 향이 있는 재료를 쓰거나 식품 자체의 맛을 살리는 것도 좋은 방법이다.

생선의 지방은 창과 방패
고등어, 정어리, 꽁치, 참치 등에는 불포화 지방산인 DHA와 EPA가 많이 들어 있다. 이 성분은 핏속의 중성 지방이나 콜레스테롤 수치를 떨어뜨리고 혈전이 생기는 것을 막는다. 반면에 칼로리도 높다. 일주일에 두세 번 먹는 것이 좋지만, 대신 다른 음식에서 지방의 양을 줄이는 등 주의가 필요하다.

에 많이 들어 있는 오메가3 지방산은 동맥경화를 막는 효과가 있다. 지방을 지나치게 피하면 비타민 A나 E 같은 지용성 비타민이 결핍될 수 있다. 지방도 우리 몸에 반드시 필요한 영양소이기 때문에 무조건 피하기보다 필요한 양을 지켜 먹도록 한다.

채소와 해조류를 많이 먹는다

채소와 버섯, 해조류는 비타민과 미네랄이 많이 들어 있어 당뇨병 치료를 돕는다. 또한 칼로리가 낮아 많이 먹어도 혈당치에 거의 지장을 주지 않는다. 감자나 고구마 등 탄수화물이 많은 식품이 아니라면 하루에 300g 이상 먹는다. 채소 중에서도 녹황색 채소는 카로틴과 비타민 C, 칼슘, 칼륨 등이 풍부해 당뇨병 환자에게 알맞다. 하루에 먹는 채소 양의 절반 정도는 녹황색 채소를 먹는 것이 좋다. 버섯과 해조류는 비타민과 미네랄이 풍부하고 식이섬유도 듬뿍 들어 있다. 그러면서도 칼로리는 거의 없어 당뇨병 환자에게 더없이 좋은 식품이다. 칼로리에 신경 쓰지 않고 마음껏 먹어도 좋다.

단, 채소를 먹을 때 드레싱과 함께 먹는다든지 식용유에 볶아 먹으면 채소를 많이 먹는 만큼 지방의 섭취량이 늘어 칼로리가 높아진다. 나물무침도 염분 섭취가 많아질 수 있으므로 주의한다.

식이섬유를 충분히 섭취한다

식이섬유가 많은 식품

식품군	식품	섬유소량(g)
채소군	오이, 호박, 가지, 양파, 배추, 상추, 버섯, 단무지	1.0 이하
	시금치, 무, 양배추, 콩나물	1.1~1.5
	당근, 김치, 깍두기	1.6~2.0
	고추, 생강	2.0 이하
과일군	수박, 포도	5.0 이하
	자두, 멜론	0.6~1.0
	귤, 사과, 배, 참외	1.1~1.5
	딸기, 감, 복숭아	2.1~2.5
	토마토	3.5

채소와 해조류에는 비타민과 미네랄뿐 아니라 식이섬유도 많이 들어 있다. 포도당은 장에서 흡수되어 핏속으로 들어가는데, 식이섬유는 배변을 도와 포도당이 많이 흡수되지 않고 빠져나가게 한다. 때문에 핏속으로 흡수되는 포도당의 양을 줄여 혈당치가 올라가는 것을 막는다.

그 밖에 식이섬유는 콜레스테롤 수치를 떨어뜨리고 포만감도 쉽게 느끼도록 만든다. 식이섬유는 하루에 20~25g 정도 섭취하는 것이 좋다. 현대인의 섭취량은 16g 정도밖에 되지 않는다고 하니 신경 써서 많이 먹도록 한다. 채소와 과일은 주스로 만들어 마시기보다 생으로 먹는 편이 섬유질 섭취를 늘릴 수 있다. 잡곡이나 콩류도 많이 먹는다.

고기는 기름을 떼어 조리한다

고기는 단백질 식품이지만 지방을 많이 포함하고 있다. 지방은 단백질보다 높은 에너지를 낸다. 단백질은 1g당 4kcal의 에너지를 내는 데 비해 지방은 1g당 9kcal를 낸다. 때문에 같은 양의 고기를 먹어도 지방이 얼마나 붙어 있느냐에 따라 칼로리 차이가 크게 난다. 또한 고기에 붙어 있는 기름과 버터 등 상온에

고기 100g의 지방

고기 종류	지방량(g)
쇠고기 안심(지방이 있는 경우)	7.8
쇠고기 안심(지방이 없는 경우)	4.3
쇠고기 등심(지방이 있는 경우)	31.0
쇠고기 등심(지방이 없는 경우)	23.3
돼지고기 안심(지방이 있는 경우)	7.4
돼지고기 안심(지방이 없는 경우)	3.5
닭고기 가슴살	0.5
닭고기 날개	18.6

서 굳는 동물성 지방은 포화 지방산이 많아 혈중 콜레스테롤과 중성 지방을 늘린다. 포화 지방산은 총 지방 섭취량의 ⅓을 넘지 않아야 한다. 식물성 기름 중 과자나 라면 등을 튀길 때 쓰는 팜유와 코코넛유 등에도 포화 지방산이 들어 있으므로 주의한다.

고기를 구입할 때는 되도록 지방이 적은 부분을 고른다. 조리하기 전에는 기름을 떼어 낸다. 만약에 기름을 떼어 내지 못했다면 먹기 전에 떼고 먹는다. 조리법도 되도록 찌거나 삶는 것이 좋으며 한 번 데쳐 기름을 뺀 뒤 조리하는 것도 좋다. 식용유를 사용할 때는 불포화 지방산이 들어 있는 참기름, 콩기름, 올리브오일 등 식물성 기름을 조금만 쓴다.

콜레스테롤이 많은 식품을 제한한다

콜레스테롤은 염분과 마찬가지로 고혈압이나 동맥경화 등을 일으키는 원인이 된다. 당뇨병 자체가 혈관 장애를 촉진하기 때문에 콜레스테롤은 당뇨병 치료를 방해한다. 간, 달걀노른자, 오징어, 새우 등 콜레스테롤이 많은 식품은 일주일에 두세 번만 먹는다.

마가린은 안심해도 좋다?
식물성 기름을 딱딱한 고체로 만들 때 생기는 트랜스 지방산은 콜레스테롤을 늘리는 등 포화 지방산 못지않게 해롭다. 트랜스 지방산은 마가린과 쇼트닝은 물론 마요네즈 같은 소스류, 도넛이나 패스트 푸드 등 기름에 튀기는 요리, 피자, 팝콘, 인스턴트 식품 등에 많이 들어 있다. 한 번 쓴 기름을 다시 쓰지 않는 것도 트랜스 지방산을 피하는 방법이다.

인스턴트 식품은 조리법에 신경 쓴다

커피는 블랙으로~
커피와 홍차, 녹차 등은 칼로리가 거의 없어 자주 마셔도 괜찮다. 단, 크림과 설탕을 넣으면 칼로리가 높아지므로 주의한다. 또한 카페인이 들어 있어 지나치게 많이 마시면 불면증이 생기고 혈압이 높아지기도 한다. 소화를 촉진하기 때문에 배가 빨리 고파져 폭식을 부를 수도 있다. 음식과 함께 먹으면 혈당 신진대사가 활발해져 혈당 수치가 올라가므로 식사하면서 함께 마시는 것은 좋지 않다.

인스턴트 식품은 대부분 칼로리가 높고 맛이 진하기 때문에 되도록 안 먹는 것이 좋다. 하지만 조리법에 신경 쓴다면 조금씩 먹어도 괜찮다. 라면을 끓일 때는 면을 한 번 데쳐 사용하고, 냉동 돈가스는 전자 레인지에 데운 뒤 종이타월로 기름기를 닦아 낸다.

또 인스턴트 식품에는 지방과 탄수화물이 많은 데 비해 비타민 등이 부족하므로 포장지에 적혀 있는 칼로리와 재료 등을 살펴 영양의 균형을 맞추는 것도 잊지 말아야 한다.

부피가 큰 식품을 먹는다

당뇨병 환자는 혈당량이 제대로 조절되지 않아 배고픔을 많이 느낀다. 식사량에 주의해야 하는 당뇨병 환자에게는 고통이 아닐 수 없다. 배가 고플 때는 칼로리가 적으면서 양이 많은 식품을 먹는다. 버섯이나 해조류, 곤약, 채소 등은 많이 먹어도 좋은 식품들이다. 음식을 천천히 꼭꼭 씹어 먹는 것도 포만감을 주는 데 도움이 된다.

여름철 & 겨울철 식사 관리 요령

여름에는…

무더운 날씨 탓에 식욕이 떨어져 식사를 거르기 쉽다. 하지만 이런 때일수록 잘 챙겨 먹어야 혈당 조절이 원활해진다. 지치기 쉬운 계절이므로 영양 상태와 기초 체력을 좋게 유지해야 더위를 이길 수 있다.

여름에는 더운 기운이 오르기 때문에 찬 기운의 음식을 먹어야 음양이 조화를 이룰 수 있다. 겨울 동안 땅 속의 찬 기운을 담고 자란 보리도 좋고 가지나 오이, 호박, 감자, 상추, 쑥갓 등의 제철 식품도 도움을 준다. 비타민 C가 풍부한 딸기와 토마토, 참외 등도 기운이 찬 식품이다. 게다가 땀을 많이 흘리게 되므로 물을 충분히 마셔 탈수가 되지 않도록 해야 한다. 청량 음료나 아이스크림 등의 차가운 식품은 혈당을 높일 뿐 아니라 체액을 산성으로 만들기 때문에 뼈가 약해진다. 냉국이나 오미자차 등을 준비해 두었다가 마시면 좋다.

여름에는 소화력이 떨어져 탈이 나기도 쉽다. 동물성 식품이나 튀김, 볶음 등은 위와 장에 부담을 줄 수 있으므로 피하는 것이 좋다. 또 여행 중에는 활동량이 많아지고 기분도 좋아져 음식을 많이 먹게 되므로 주의한다.

수박 껍질은 갈증에 효과 만점!
수박 껍질은 갈증을 멎게 하고 소변이 잘 나오게 하는 효능이 있어, 당뇨병으로 인해 목이 마르고 소변이 탁한 증상이 있는 경우에 먹으면 좋다. 또한 고혈압, 신장염 등의 합병증을 예방하고 치료하는 효과도 있다.

겨울에는…

날씨가 춥기 때문에 집 안에 있는 시간이 많아지는 계절이다. 자연히 활동량이 줄지만 식사량은 오히려 늘고 간식도 많이 먹게 된다. 영양 균형을 맞추고 과식하지 않도록 신경 써야 혈당 관리를 잘 할 수 있다. 신선한 채소로 겨울철에 부족하기 쉬운 비타민과 미네랄을 보충하는 것도 잊지 않는다. 겨울에는 몸을 따뜻하게 하는 식품을 먹는 것이 좋다. 곡식 중 좁쌀과 팥 등은 몸을 따뜻하게 할 뿐 아니라 당뇨병 치료에도 도움을 준다. 죽이나 미음을 쑤어 먹으면 좋다. 마른 나물도 몸을 따뜻하게 한다. 김치는 비타민과 미네랄, 유산균이 풍부한 자연 발효 식품이므로 꼭 챙겨 먹는 것이 좋다. 또 겨울에 나는 제철 식품을 먹어야 필요한 에너지를 얻을 수 있다.

어떤 음식을 먹느냐도 중요하지만 몸을 추위에 단련시켜야 저항력이 생겨 치료 효과를 높일 수 있다. 날씨가 추워 밖에서 운동하기 어려우면 집 안에서라도 꾸준히 운동을 해 활력을 유지한다.

식사 시간·식사량·칼로리를 꼭 지킨다

> 사회 활동을 하는 이상 외식을 하지 않을 수 없다. 피할 수 없는 외식이라면 음식의 칼로리나 재료 등에 대해 정확히 알고 먹도록 한다. 여행을 할 때도 평소의 페이스를 지킬 수 있도록 세심한 준비가 필요하다.

case 1 외식할 때는…

식사 시간과 식사량을 지킨다

혈당을 조절하려면 외식을 할 때도 식사 시간을 지키는 것이 좋다. 음식의 양도 많은 편이므로 자신의 허용 칼로리를 넘지 않도록 주의해야 한다. 외식이 잦으면 과식하기 쉽고 기름지거나 짠 음식을 많이 먹게 되므로 외식은 하루 한 끼 정도만 한다.

메뉴는 한정식이 좋다

외식 음식은 대부분 탄수화물과 지방이 많고 채소는 적은 편이다. 메뉴는 되도록 각 식품군이 골고루 들어 있는 것을 고른다. 일품 요리보다 정식을 먹는 것이 좋고 그 중에도 한정식이 양식이나 중식보다 칼로리가 낮다. 설탕이나 기름기가 많은 음식, 짜고 자극적인 음식은 피한다. 햄, 소시지, 베이컨 등의 가공 식품이나 인스턴트 식품도 지방과 염분이 많으므로 좋지 않다. 영양의 균형이 깨지면 다른 끼니에서 조절한다.

일품 요리는 부재료가 많은 것을 먹는다

일품 요리는 칼로리가 높은데다 소금과 설탕을 많이 사용한다. 일품 요리를 먹을 때는 비빔밥 등 부재료가 많이 들어간 메뉴를 고르거나 채소 요리를 더 추가하는 것이 좋다. 국물이 있는 음식은 염분이 국물에 녹아 있으므로 국물은 가능하면 마시지 않는다.

초기에는 도시락을~
외식을 할 때도 정해진 칼로리 안에서 영양 균형을 맞춰 메뉴를 골라야 하는데 처음에는 쉽지 않다. 외식 메뉴의 칼로리와 영양 등을 제대로 파악하기 전에는 도시락을 싸 가지고 다니는 것이 좋다.

명절 음식, 먹어도 될까?
기름진 음식이 많고 채소도 부족하기 때문에 주의가 필요하다. 음식의 칼로리를 체크해 섭취 칼로리를 넘기지 않도록 한다. 명절 음식은 하루에 한 끼 정도만 먹고, 되도록 식품교환표에 있는 음식만 먹는다. 나머지 두 끼는 보통 때와 같은 식사를 하고 비타민 등 명절 음식에 부족한 영양소를 보충한다.

도시락은 채소 반찬이 많은 것을 고른다

도시락은 튀김보다 나물 같은 채소 반찬이 많은 것을 고른다. 밥의 양이 많은 편이므로 정해진 섭취량만큼만 먹고 남긴다. 튀김은 튀김옷을 벗겨 내어 먹고 장아찌나 젓갈은 되도록 먹지 않는다. 샐러드는 드레싱 없이 그냥 먹는다.

패스트 푸드는 샐러드를 곁들인다

햄버거나 피자는 채소 샐러드를 곁들여 먹는다. 피자를 먹을 때 치즈가루는 칼로리를 더하게 되므로 뿌리지 말고 핫소스는 먹어도 좋다.

뷔페 음식은 채소부터 먹는다

뷔페 식당에서는 음식의 양을 조절하기가 어려워 정해진 섭취 칼로리를 넘기기 쉽다. 먹는 순서를 정하는 게 좋은데, 채소와 버섯 등 칼로리가 적고 소화 시간이 긴 음식을 먼저 먹고 밥과 고기 등 칼로리가 높은 음식은 나중에 먹는다.

case 2 여행할 때는…

비행기 안에서 자주 걷는다

비행기 안에서는 움직임이 적고 일반 식사를 해야 하므로 혈당치가 올라가기 쉽다. 혈당치를 자주 체크해 조절하는 게 필요하다. 자주 일어나 걷고, 탈수를 막기 위해 가끔씩 물을 마신다.

약과 인슐린은 객실에~
약은 만일을 대비해 두 군데에 나눠 두고, 비행기를 탈 때는 인슐린을 객실로 가지고 간다. 화물칸에 두면 저온으로 얼 수 있고, 또 가는 도중 필요할 수도 있기 때문이다.

여행지에서는 과식과 과음에 주의한다

외국 음식은 재료나 칼로리 등을 알 수 없기 때문에 메뉴를 고를 때 현지인의 도움을 받도록 한다. 또 여행지에서는 기분이 들떠 과식과 과음을 하기 쉬우므로 주의한다. 편안한 신발과 옷도 준비해서 몸에 무리가 가지 않도록 한다.

인슐린 투여는 시차에 따라 조절한다

인슐린 치료를 받는 환자는 외국 여행을 할 때 여행지 방향과 시차 정도에 따라 투여 시간과 용량을 조절해야 한다. 여행 전에 반드시 전문의와 상의하는 것이 좋다. 경구 혈당강하제는 현지 시간에 맞춰 처방대로 복용한다.

---

doctor's advice
여행할 때 꼭 가지고 가야 하는 것

혈당측정기	소변 검사 스트립지	약	인슐린 주사기	당뇨병 수첩	건강보험증
매일 아침과 저녁 식전에 체크해 혈당을 조절한다.	하루에 한 번 검사한다.	혈당강하제와 합병증 치료약 등을 준비한다.	인슐린 치료를 받는 환자는 인슐린을 넉넉히 준비한다.	환자상태, 주치의 연락처, 치료 내용 등이 적혀 있어 비상시 대처할 수 있다.	여행 중에 병원을 찾을 수 있으므로 국내 여행을 할 때 꼭 가지고 간다.

규칙적으로 운동하면 치료 효과 두 배!

당뇨병 치료를 위해 규칙적인 운동은 필수다. 운동을 하면 칼로리가 소비되어 비만을 막고 혈당 조절이 쉬워진다. 식이요법과 함께 병행하면 치료 효과를 높일 수 있고 합병증을 예방하는 데 큰 도움이 된다.

운동이 당뇨병에 좋은 이유는?
■ 인슐린 감수성이 높아지고 혈당치가 내려간다.
■ 내장지방형 비만을 막고 에너지를 소비하기 쉬운 체질로 바꿔 준다.
■ 콜레스테롤을 줄이고 혈전이 생기는 것을 막아 합병증을 예방한다.
■ 스트레스를 풀어 정신 건강에 도움이 된다.

유산소 운동과 근육 운동을 병행한다

유산소 운동은 에너지 효율이 좋아 당뇨병과 비만을 치료하는 데 효과가 좋다. 빨리 걷기나 조깅, 줄넘기, 자전거 타기, 수영, 등산 등이 당뇨병 환자에게 좋은 유산소 운동이다. 근육 운동은 근육을 강화해 에너지 소비를 촉진하므로 유산소 운동과 병행하면 훨씬 더 효과적이다.

식사하고 나서 2시간 뒤에 한다

운동은 혈당치가 올라가는 식후에 하는 것이 좋다. 식전에 운동을 하면 저혈당 증세가 나타날 수 있다. 저혈당이 자주 생기면 혈당 조절을 여유 있게 하기가 어려워진다. 식사 후 혈당치가 충분히 올라간 뒤에 운동을 해야 올라간 혈당치를 낮추는 데 도움이 되고 저혈당도 오지 않는다. 식후 2시간 이내에 운동을 하면 식도 역류로 위장장애가 오거나 식도염이 생기기 쉽다. 이런 점을 감안하면 식후 2시간 뒤가 가장 적합한 운동 시간이라고 볼 수 있다. 굳이 공복에 운동하려면 운동하기 30분 전에 당분을 약간 섭취한다.

운동하면 많이 먹어도 된다?
운동을 하면 칼로리를 꽤 소비했다고 생각해 음식을 많이 먹는 경우가 있다. 하지만 운동으로 소비되는 칼로리 양은 그다지 많지 않다. 운동도 식이요법과 함께 해야 효과를 볼 수 있다는 점을 명심한다.

가벼운 운동을 오래 하는 것이 좋다

힘든 운동을 짧게 하기보다 가벼운 운동을 오래 하는 것이 장기적으로 혈당 조절과 합병증 예방에 유리하다. 당뇨병 환자에게는 80m/분의 속도(보통 속도)로 한 번에 15분 이상씩, 하루에 30분~1시간 걷는 것이 좋다. 하루 운동량은 1일 필요 칼로리의 10~20%를 소비하는 정도가 적당하다. 예를 들어 1일 필요 칼로리가 1600kcal인 경우에 운동으로 소비해야 할 칼로리는 160~320kcal이다.

초기에는 가벼운 운동부터 시작한다

운동을 하지 않던 사람이 갑자기 무리한 운동을 하면 몸에 부담이 가게 마련이다. 혈당이 조절되지 않는 상태에서 심한 운동을 하면 오히려 혈당이 올라간다. 운동을 처음 시작하는 초기에는 산책 등 가벼운 운동부터 시작한다.

100kcal가 소모되는 운동

계단 오르기	120단
윗몸 일으키기	18회
팔굽혀펴기	12회
걷기(보통 속도)	29분
조깅(120m/분)	10분
자전거 타기(보통 속도)	25분
줄넘기(1분당 60~70회)	10분
등산	30분
음악 체조	25분
볼링	16분
골프	18분
테니스	13분
배드민턴	12분
배구	32분
농구	12분
수영(자유형)	10분
스키	14분
검도	25분

편한 신발은 필수!
당뇨병 환자는 발에 궤양이 생기기 쉽고 상처가 나면 잘 낫지 않는다. 운동할 때는 반드시 발이 편하고 잘 맞는 운동화를 신는 등 발 관리에 세심한 주의를 기울여야 한다.

운동 강도는 맥박수로 정한다

운동은 숨이 조금 찰 정도로 하는 것이 적당하다. 자신에게 맞는 운동 강도를 정확히 알려면 맥박수를 재 본다. 운동할 때 맥박수는 최대 심박수의 60~75%가 적당하다. 자신의 최대 심박수를 알려면 운동부하 검사를 하는 것이 정확하지만, 보통 220에서 자신의 나이를 뺀 수로 보면 된다. 예를

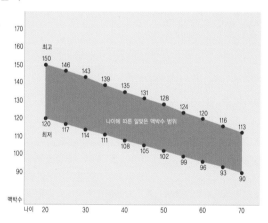

들어 40세인 사람의 최대 심박수는 180(220-40)이고, 운동할 때 적당한 맥박수는 108(180×0.6)~135(180×0.75)이다.

준비 운동과 정리 운동을 한다

옷과 신발은 편한 차림을 하고 본격적인 운동에 들어가기 전에 반드시 준비 운동을 한다. 운동이 끝난 뒤에도 정리 운동을 하고 충분한 휴식을 갖는다. 준비 운동과 정리 운동은 유연성을 높이고 근육통을 막는다.

운동을 하면 안 되는 경우
당뇨병 치료에 운동이 좋다고 해서 환자 모두에게 좋은 것은 아니다. 경우에 따라 운동을 하면 오히려 해가 되는 사람도 있다. 혈당치가 너무 높거나 불안정한 환자가 심한 운동을 하면 병이 악화될 수 있고 합병증이 있는 경우에도 운동을 피하는 것이 안전하다.
또한 혈당강하제를 먹거나 인슐린 주사를 맞는 환자가 심한 운동을 하면 저혈당 증세가 나타날 수 있다. 운동을 시작하기 전에 검사를 받아 몸상태를 체크하고 의사와 상의해 자신에게 맞는 운동을 찾도록 한다.

내 체질에 맞는 식품

한방의 사상의학에서는 사람의 체질을 4가지로 나누고 체질에 따라 걸리기 쉬운 질병이나 치료법도 다르다고 본다. 당뇨병의 원인과 치료 방법에도 차이가 있는데 각각의 체질에 맞는 식이요법 요령을 알아본다.

태양인

백 명 중 한 명꼴로 드문 체질이다. 마른 편이고 피부가 부드럽다. 솔직하고 자존심이 강하지만 독선적인 면이 있다. 식욕이 그다지 강하지 않아 과식과 과음으로 인해 살이 찌거나 당뇨병이 생길 가능성은 적다. 하지만 방심은 금물이다. 과식하고 고기를 많이 먹다 보면 체질 균형이 깨져 당뇨병이 올 수 있다. 태양인은 간 기능이 약해 좋은 식품을 먹어도 흡수가 잘 되지 않는다. 한 번 체질 균형이 깨지면 회복이 어려우므로 예방이 중요하다.

뭘 먹으면 좋을까?

열이 많은 체질이므로 차가운 음식이 좋다. 고단백, 고지방 식품을 피하고 신선한 채소와 지방이 적은 해물 등 담백한 음식 위주로 먹는다. 포도, 메밀, 조개 등이 잘 맞으며 모과차, 오가피차, 솔잎차를 즐겨 마시면 좋다. 맥주나 커피 등은 좋지 않다.

좋은 식품

| 양파 | 피망 | 브로콜리 | 배추 | 표고버섯 | 포도 |

| 고등어 | 조개 |

해로운 식품

| 무 | 마늘 | 쇠고기 | 달걀 | 맥주 | 커피 |

태양인은 이런 운동을~
하체 강화 운동을 집중적으로 하면서 체형의 균형을 잡는다. 또한 모든 기운이 위로 올라가므로 기운을 가라앉혀야 한다. 모든 일을 성급하게 결정하지 말고 마음의 여유를 갖는다. 명상이나 단전 호흡을 하면 도움이 된다.

태음인

우리나라 사람 중에 가장 많은 체질이 태음인이다. 근육과 뼈가 발달한 근육형으로 얼굴이 각지고 피부가 거친 사람이 많다. 성격은 의젓하고 포용력이 있으나 욕심이 많은 편이다. 대담한 척하지만 사실 소심한 경우가 많다.

태음인은 식욕이 좋고 고기를 즐기는데다 간 기능이 좋아 과음하기 쉽다. 반면 움직이는 것을 싫어하고 활동량이 적기 때문에 간에 열이 쌓여 비만과 당뇨병이 오기 쉽다. 체력이 좋은 편이어서 당뇨병에 걸려도 수치만 높을 뿐 살이 빠지거나 체력이 떨어지는 등의 증상이 잘 나타나지 않으므로 큰 불편을 느끼지 못해 방치하는 경우가 많다. 하지만 그대로 두었다가는 시간이 지나면서 고혈압, 중풍, 심장병 등의 후유증이 오는 심각한 결과를 낳을 수 있으므로 주의해야 한다.

뭘 먹으면 좋을까?

소식하는 습관을 들인다. 고칼로리 음식을 멀리 하고 고기는 채소와 함께 먹는다. 지나친 음주도 피한다. 콩이 잘 맞는 체질이어서 검은콩을 먹으면 좋다. 율무나 오미자, 도라지 등을 먹으면 허약한 기를 보충할 수 있고 피를 맑게 하는 설록차와 칡차, 율무차도 좋다. 영지버섯, 해당화근 등을 달여 먹으면 효과를 볼 수 있다.

좋은 식품

율무　　콩　　연근　　무　　오이　　시금치

호두　　표고버섯　　녹차　　쇠고기　　호박　　김　　우유

해로운 식품

닭고기　　배추　　달걀　　돼지고기　　사과

태음인은 이런 운동을~
운동을 꾸준히 하는 것이 가장 좋다. 전신 운동을 오랫동안 해서 땀을 흠뻑 흘려야 효과가 제대로 나타난다. 목욕을 자주 해 혈액 순환이 잘 되게 하는 것도 좋다.

소양인

뼈가 가는 소양인은 평소 걷는 모습이 불안해 보일 만큼 다리가 약하다. 성격이 외향적이어서 잠시도 가만히 있지 못하고 행동이 민첩하다. 머리는 좋은 편이지만 비판적이고 경박한 면이 있다.

소양인은 평소 화가 많아 다른 체질에 비해 당뇨병에 걸리기 쉽다. 비위의 기능도 좋기 때문에 식성이 좋고 술도 많이 마시는 편이어서 당뇨병의 원인이 된다. 후천적 요인으로 생기는 인슐린 비의존형 당뇨병 환자 중에 소양인이 가장 많다. 더운 성질의 고칼로리 식품을 계속 먹으면 비장이 지나치게 항진되어 인슐린을 분비하지 않게 되므로 당뇨가 생긴다.

소양인은 발산이 잘 되어 살이 잘 찌지 않는 편이지만, 과식과 과음이 계속되고 운동량이 적어지면 복부 비만이 되기 쉽다. 복부 비만이 심해지면 당뇨병이 진행 중인 것이다. 몸무게가 급격히 줄고 체력이 떨어지는 등 당뇨 증상이 겉으로 드러나면 이미 상당히 진행된 경우가 많다. 소변에 기름이 뜨는 증세가 나타나면 매우 심한 상태라고 볼 수 있다. 일단 발병하면 진행이 빠르고 후유증도 빨리 나타나므로 주의해야 한다.

뭘 먹으면 좋을까?

찬 성질의 식품을 위주로 소식하고, 인삼과 대추를 넣은 삼계탕 등 더운 성질의 음식은 먹지 않는 것이 좋다. 열량이 많은 음식, 매운 음식도 피한다. 수박, 참외 등 신선한 과일을 많이 먹어 몸 안의 열을 내리는 것이 중요하다. 현미와 보리, 팥, 녹두 등이 좋고 녹차, 보리차, 산수유차, 구기자차 등을 마시면 좋다. 하눌타리 뿌리를 달여 먹어도 좋다.

좋은 식품

| 현미 | 보리 | 팥 | 녹두 | 대두 | 호박 |
| 오이 | 토마토 | 참외 | 바나나 | 녹차 | 돼지고기 |

해로운 식품

| 양파 | 귤 | 인삼 | 커피 | 닭고기 | 우유 |

소양인은 이런 운동을~
자전거 타기, 달리기, 스케이팅 등 하체 강화 운동을 한다. 하체 근육이 늘어나면서 복부 지방이 빠진다. 긴장을 하거나 화를 많이 내는 것도 금물, 항상 마음을 안정시킨다.

소음인

소음인은 근육이 별로 없기 때문에 마르고 약해 보이며 피부가 매끄럽다. 걷는 모습을 보면 약간 구부정한 사람이 많다. 성격은 섬세하며 치밀하지만 내성적이라 밖에 나가서 활동하는 것보다 집 안에 있는 것을 더 좋아한다. 양심적이나 결단력이 없고 비겁한 면도 있다. 주변은 항상 깔끔하게 정리되어 있다.

소음인은 과식이나 과음 때문에 당뇨병이 생길 확률은 적다. 하지만 신경이 예민하고 스트레스를 안으로 삭이는 소심한 성격이기 때문에 인슐린 분비가 원활히 이루어지지 않아 당뇨병에 걸릴 수 있다.

뭘 먹으면 좋을까?

닭과 인삼 같은 더운 성질의 식품이 잘 맞는다. 따뜻하고 소화가 잘 되는 음식을 먹고 아이스크림이나 생맥주 등 차가운 식품은 피한다. 인스턴트 식품이나 화학 조미료, 기름기가 많은 음식도 좋지 않다. 밥은 멥쌀보다 현미나 찹쌀현미, 조, 콩 등을 위주로 먹는다. 생강차와 계피차는 속을 따뜻하게 하고, 대추차는 마음을 안정시키는 데 효과가 있다. 인삼과 황기, 대추를 같은 양으로 달여 매일 마시면 좋다.

좋은 식품

| 콩 | 시금치 | 무 | 마늘 | 미역 | 표고버섯 |

| 귤 | 인삼 | 황기 | 닭고기 |

해로운 식품

| 보리 | 오이 | 배추 | 참외 | 호두 | 커피 |

| 맥주 | 아이스크림 | 돼지고기 |

소음인은 이런 운동을 ~
운동을 꾸준히 한다. 상체 운동을 많이 해 체형의 균형을 잡고 하체 비만을 줄인다. 또한 스트레스를 푸는 방법을 찾아 바로바로 풀어 버리고 마음을 편안히 갖도록 한다.

Part 02

당뇨병에 좋은
자연식 밥상

당뇨병 환자의 식사는 맛이 없다?
당뇨병 환자의 음식이 특별한 것은 아니다. 다만 칼로리가 지나치게
높아지지 않게 하고 짜거나 자극적이지 않게
만드는 것이 중요하다. 당뇨병 환자에게 좋은 식단과 안심하고
먹어도 좋은 반찬 등을 소개한다.
식사를 맛있게 하는 것이 치료에도 도움이 된다.

Food 1

그대로 따라 하면 OK!

1600kcal 1주일 식단

당뇨병 환자는 매일의 식사를 어떻게 하느냐에 따라
혈당치가 올라가기도 하고 내려가기도 한다.
자신에게 알맞은 식단을 짜는 일이 중요하다. 당뇨병 환자에게
좋은 1600kcal의 1주일 식단을 소개한다.
그대로 따라 하기만 하면 당뇨병을 치료하는 데 도움이 된다.

하루 1600kcal, 영양은 물론 맛까지 챙긴다

당뇨병 환자의 식단을 짤 때 포인트는 음식의 양이나 조리법 등에 주의하는 것이다. 섭취 칼로리는 환자에 따라 다르지만 보통 1일 1600kcal를 기준으로 삼는다. 여기서도 하루 1600kcal에 맞춰 1주일 식단을 짰다. 영양 균형은 물론 평소 즐겨 먹는 메뉴를 중심으로 짰기 때문에 쉽게 만들어 맛있게 먹을 수 있다.

| 월요일 상차림 |
1일 총 열량 1622kcal

아침 쌀밥, 북어국, 호박나물, 도라지 생채, 물김치

점심 보리밥, 된장찌개, 버섯불고기, 오징어무침, 오이나물, 배추김치

저녁 강낭콩보리밥, 조기찌개, 깻잎나물, 연근초절임, 물김치

간식 사과, 우유

| 화요일 상차림 |
1일 총 열량 1658kcal

아침 완두밥, 시금치토장국, 꼬막찜, 표고버섯전, 콩나물무침, 오이소박이

점심 잔치국수, 동태전, 백김치, 사과

저녁 흑미밥, 순두부찌개, 돼지고기생강구이, 호박새우젓볶음, 해초무침, 배추김치

간식 우유

| 수요일 상차림 |
1일 총 열량 1645kcal

아침 토스트, 스크램블드에그, 채소샐러드, 우유

점심 완두밥, 쇠고기전골, 더덕구이, 배추김치

저녁 보리밥, 무다시마국, 두부구이, 병어조림, 가지나물, 쑥갓무침, 배추김치

간식 복숭아

| 목요일 상차림 |
1일 총 열량 1660kcal

아침 쌀밥, 기름 제거한 사골국, 멸치고추조림, 열무된장무침, 깍두기

점심 비빔밥, 미역국, 백김치

저녁 보리밥, 아욱국, 닭고기양념구이, 시금치나물, 우엉조림, 물김치

간식 포도, 우유

| 금요일 상차림 |
1일 총 열량 1645kcal

아침 굴죽, 숙주미나리초무침, 나박김치

점심 차조밥, 명란두부찌개, 셀러리부추무침, 삼치구이, 배추김치

저녁 강낭콩보리밥, 근대국, 닭찜, 참나물, 무생채, 열무김치

간식 포도, 우유

| 토요일 상차림 |
1일 총 열량 1600kcal

아침 완두밥, 조개탕, 우무오이무침, 쇠고기장조림, 백김치

점심 쑥쌀밥, 우거지사골국, 오징어불고기, 양상추브로콜리무침, 도라지나물, 김구이, 섞박지

저녁 감자밥, 콩나물국, 돼지불고기, 쌈과 채소스틱, 열무물김치

간식 참외, 우유

| 일요일 상차림 |
1일 총 열량 1645kcal

아침 쇠고기덮밥, 배추김치

점심 차조밥, 열무된장국, 고추고기찜, 가자미구이, 부추오이무침, 깍두기

저녁 팥밥, 김치콩나물국, 쇠고기마늘종볶음, 채소달걀말이, 고사리나물, 배추김치

간식 키위, 우유

요리가 빨라지는 눈대중 · 손대중

자주 쓰는 식품의 1단위 어림치

식이요법을 효과적으로 하려면 정해진 재료의 양을 제대로 지켜야 한다. 하지만 요리를 할 때마다 일일이 저울에 달고 계량스푼으로 재는 것은 번거로운 일이다. 자주 쓰는 재료들의 1단위 양을 집에서 많이 쓰는 그릇에 담아 어림치를 쟀다. 재료의 양을 눈대중과 손대중으로 익혀 두면 요리가 한결 빠르고 간편해진다.

■이런 그릇에 담아서 어림치를 쟀어요

둥근 접시 지름 17cm　　**오목한 그릇** 지름 13.5cm 깊이 3cm　　**공기** 지름 12cm 깊이 5cm

곡류군 | 밥 · 빵 · 국수 |

밥 70g = ⅓공기　　**삶은 국수** 90g = ½공기　　**식빵** 35g = 1장　　**쌀** 30g = 3큰술 또는 오목한 그릇 바닥에 깔리는 정도　　**감자** 130g = 1개

어육류군 | 고기 · 생선 · 달걀 · 콩류 |

저지방
덩어리 고기
(기름 없는 것)
40g = 탁구공 크기

저지방
저민 고기
(기름 없는 것)
40g = 8×3cm 3조각

저지방
다진 고기
40g = 오목한 그릇의 ¼정도

저지방
닭고기
(껍질 없는 것)
40g = 6×8cm 2조각

저지방
칵테일 새우
50g = 10마리

저지방
조갯살
70g = ½컵 또는 오목한 그릇의 ⅓정도

저지방
굴
70g = ½컵 또는 오목한 그릇의 ⅓정도

저지방
게
70g = ½마리

저지방
중하
50g = 3마리

저지방
북어포
15g = 가볍게 1줌

저지방
오징어
50g = 10×8cm

저지방
오징어채
15g = 가볍게 1줌

저지방
잔멸치
15g = 가볍게 1줌

당근
70g = ½개

양파
50g = ½개

브로콜리
70g = ½개

시금치
70g = 4뿌리 또는
익혀서 ½컵

콩나물
70g = 1줌
또는 익혀서 ⅔컵

무
70g = 지름 7.5cm
길이 1.5cm

도라지
50g = 가볍게 1줌

오이
70g = ⅓개

애호박
70g = 지름 6.5cm
길이 2.5cm

깻잎
20g = 20장

풋고추
70g = 7~8개

양송이버섯
70g = 4개

표고버섯 50g = 큰 것 3개

중지방

메추리알 40g = 5개

중지방

콩 20g = 2큰술 또는
오목한 그릇 바닥에
깔리는 정도

중지방

두부 80g = ⅕모

중지방

햄 40g = 8×6×0.8cm

중지방

어묵 30g = 5×5cm 2장

중지방

등푸른생선
50g = 작은 1토막

중지방

달걀 55g = 1개

고지방

참치 통조림 50g = ⅓컵
또는 오목한 그릇의 ⅓정도

양념의 어림치도 알아 두세요

소금과 기름은 얼마만큼 먹는 게 좋을까?

당뇨병 환자는 소금(염분)과 기름의 사용량에 특히 신경 써야 한다. 소금의 하루 사용량은 6~7g이 적당하다. 염분은 소금뿐 아니라 간장, 된장 등의 양념에도 들어 있다. 소금 6g의 양에 해당하는 다른 양념의 양을 알아 두어 총 염분량이 하루 사용량을 넘지 않도록 주의한다. 기름은 음식 재료의 지방량에 따라 사용량이 달라지기 때문에 하루 사용량을 정하기 어렵다. 1단위의 양을 기억했다가 지방의 단위 수에 포함시켜 식단을 짠다.

염분 1일 섭취량

소금 6g = 1큰술   **간장** 30g = 2큰술

된장 60g = 3큰술

고추장 60g = 3큰술

기름 1단위의 양

참깨 8g = 1큰술   **기름** 5g = 1작은술

버터 6g = 1½작은술

1큰술과 1컵의 어림치

계량스푼과 계량컵이 없으면 평소 집에서 쓰던 숟가락과 종이컵으로 어림치를 잴 수 있다.

1큰술 = 계량스푼 15cc 밥숟가락에 수북이 담은 양
1작은술 = 계량스푼 5cc 찻숟가락에 수북이 담은 양
1컵 = 계량컵 200cc 보통 크기의 종이컵에 가득 담은 양

월요일 아침 | 개운한 국과 채소 반찬으로 부담 없이 시작한다

쌀밥

쌀 60g, 물 ½컵

1 쌀을 씻어 30분 정도 물에 담가 두었다가 건져 물기를 뺀다.
2 냄비에 쌀을 담고 분량의 물을 부어 밥을 짓는다.
3 밥물이 끓어오르면 불을 약하게 줄이고 위아래를 뒤섞은 뒤 뜸을 들인다.

북어국

북어채 10g, 달걀 20g, 대파 ¼대, 국간장
1작은술, 물 1컵

1 북어채를 흐르는 물에 씻어 냄비에 담고 분량의 물을 부어 한소끔 끓인다.
2 북어채가 부드러워지면 달걀을 풀어 넣는다.
3 **2**에 대파를 어슷하게 썰어 넣고 국간장으로 간을 맞춘다.

호박나물

호박 70g, 식용유 ½작은술, 소금 약간

1 호박을 반달 모양으로 썬다.
2 달군 팬에 식용유를 두르고 호박을 넣어 볶다가 소금으로 간을 맞춘다.

도라지생채

도라지 50g, 고춧가루 ½작은술, 소금 약간

1 도라지를 결대로 찢어 놓은 것으로 준비해 소금을 뿌리고 바락바락 주물러 쓴맛을 없앤다.
2 손질한 도라지에 소금과 고춧가루를 넣어 조물조물 무친다.

advice 자극이 강하지 않게 조리한다. 고추장을 넣으면 짜질 수 있으므로 고춧가루로 색을 낸다. 파, 마늘 등의 양념으로 맛을 내도 좋다. 단맛을 내려면 아스파탐을 넣는다.

물김치

배추 ⅛포기, 당근 ⅓개, 양파 ⅓개,
쪽파 5대, 소금 약간
국물 고춧가루 2큰술, 아스파탐 약간, 다진 마늘 1작은술,
생강즙 1작은술, 생수 10컵

■ 넉넉히 만들어 두고 약간씩 덜어 드세요.

1 배추를 한입 크기로 네모지게 썬 뒤 소금을 뿌려 2시간 정도 절인다. 배추가 절여지면 흐르는 물에 서너 번 헹궈 물기를 뺀다.
2 당근은 동그랗게 저며 썰고, 양파는 배추와 같은 크기로 네모지게 썬다. 쪽파도 비슷한 길이로 썬다.
3 생수에 고춧가루를 체에 밭쳐 푼 뒤 아스파탐, 다진 마늘, 생강즙을 넣어 고루 섞는다.
4 **3**에 손질한 배추와 당근, 양파, 쪽파를 넣고 소금으로 간을 맞춘다. 반나절 정도 익혀 냉장고에 넣어 둔다.

상차림 보리밥(1공기) 된장찌개 버섯불고기 오징어무침 오이나물 배추김치(50g)

총 열량 500kcal **단백질 22g 지방 10g 당질 82g**

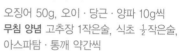

월요일 점심 | 고기 반찬과 소화 돕는 보리밥을 함께 먹는다

보리밥

쌀 70g, 보리 20g, 물 $\frac{3}{4}$컵

1 쌀과 보리를 함께 씻은 뒤 물에 30분 정도 담가 두었다가 건져 물기를 뺀다.
2 냄비에 쌀과 보리를 담고 물 $\frac{3}{4}$컵을 부어 밥을 짓는다.
3 밥물이 끓어오르면 위아래를 뒤섞은 뒤 불을 약하게 줄여 뜸을 들인다.

된장찌개

호박 30g, 양파 15g, 풋고추 5g, 된장 $\frac{1}{2}$큰술, 굵은 멸치 5마리, 물 1컵

1 냄비에 내장을 뺀 멸치를 담고 물을 부어 끓인다.
2 호박과 양파는 네모지게 썰고, 풋고추는 송송 썬다.
3 멸치 국물에 준비한 채소를 넣어 한소끔 끓이다가 된장을 풀어 넣고 끓인다.

버섯불고기

쇠고기(기름 없는 살코기) 40g, 느타리버섯 40g, 양파 10g, 대파 $\frac{1}{5}$대, 식용유 $\frac{1}{2}$작은술

쇠고기 양념 간장 2작은술, 양파즙 $\frac{1}{3}$작은술, 다진 파 · 다진 마늘 $\frac{1}{3}$작은술씩, 배즙 1작은술, 참기름 $\frac{1}{3}$작은술

1 쇠고기를 한입 크기로 썰어 양념한다.
2 느타리버섯은 끓는 물에 데쳐 물기를 빼고, 양파는 굵게 채 썬다. 대파는 어슷하게 썰거나 채 썬다.
3 달군 팬에 식용유를 두르고 양념한 쇠고기와 양파를 넣어 볶다가 느타리버섯과 대파를 넣어 볶는다.

advice 코팅 된 팬을 쓰면 식용유가 적게 든다. 팬을 뜨겁게 달군 뒤 불의 세기를 조절해 볶으면 적은 양의 식용유로 담백하게 조리할 수 있다.

오징어무침

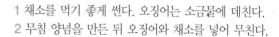

오징어 50g, 오이 · 당근 · 양파 10g씩

무침 양념 고추장 1작은술, 식초 $\frac{1}{2}$작은술, 아스파탐 · 통깨 약간씩

1 채소를 먹기 좋게 썬다. 오징어는 소금물에 데친다.
2 무침 양념을 만든 뒤 오징어와 채소를 넣어 무친다.

오이나물

오이 70g, 식용유 $\frac{1}{4}$작은술, 소금 약간

1 오이를 저며 썰어 소금에 살짝 절인다.
2 절인 오이를 꽉 짠 뒤 팬에 식용유를 두르고 볶는다.

배추김치

배추 $\frac{1}{2}$포기, 소금 약간

김치 소 무 $\frac{1}{6}$개, 고춧가루 2큰술, 다진 마늘 1큰술, 멸치액젓 1큰술, 아스파탐 · 소금 약간씩

■ 넉넉히 만들어 두고 약간씩 덜어 드세요.

1 배추를 포기째 준비해 소금을 뿌려 2시간 이상 절인 뒤 흐르는 물에 씻어 물기를 뺀다.
2 무를 채 썰어 소금에 살짝 절인 뒤 물기를 짠다.
3 무채를 양념에 버무려 배춧잎 사이사이에 채운다.

간식은 이렇게…

사과 100g(작은것 $\frac{1}{2}$개)
우유 200ml(1컵)

총 열량 172kcal
단백질 6g
지방 7g 당질 22g

총 열량 575kcal 단백질 33g 지방 10g 당질 88g

월요일 저녁 | 콩과 생선으로 양질의 단백질을 섭취한다

강낭콩보리밥

쌀 50g, 보리 20g, 강낭콩 20g, 물 ⅘컵

1 쌀과 보리, 강낭콩을 함께 씻은 뒤 30분 정도 물에 담 갔다가 건진다.
2 냄비에 **1**을 담고 분량의 물을 부어 밥을 짓는다.
3 밥물이 끓어오르면 위아래를 뒤섞은 뒤 불을 약하게 줄여 뜸을 들인다.

조기찌개

조기 70g, 조개 15g, 두부 40g, 무 50g,
미나리 15g, 풋고추 5g, 고춧가루 1작은술, 국간장
½작은술, 다진 마늘 ½작은술, 소금 약간, 물 1컵

1 조기는 비늘을 벗기고 먹기 좋게 토막낸 뒤 소금을 뿌려 절인다.
2 조개는 바락바락 문질러 씻는다.
3 무는 나박나박 썰고, 미나리는 잎을 떼어 3~4cm 길이 로 썬다. 두부는 납작하게 썰고, 풋고추는 송송 썬다.
4 냄비에 분량의 물을 담고 조개를 넣어 끓인다. 조개 는 건져 헹구고, 국물은 걸러 다른 냄비에 담는다.
5 조개 국물에 고춧가루를 풀고 무를 넣고 끓이다가 조 기와 삶은 조개, 두부를 넣어 끓인다. 불에서 내리기 전 에 미나리와 풋고추를 넣는다. 국간장과 다진 마늘, 소 금으로 간을 맞춘다.

깻잎나물

깻잎 50g, 당근 5g, 식용유 ½작은술, 소금 약간

1 깻잎을 씻어 굵게 채 썰고, 당근도 씻어 채 썬다.
2 달군 팬에 식용유를 두르고 깻잎과 당근을 넣어 살짝 볶다가 소금으로 간한다.

연근초절임

연근 50g, 붉은 고추 1개, 식초 1작은술
단촛물 식초 3큰술, 아스파탐 · 소금
약간씩, 생수 1컵

1 연근을 얇게 썰어 4등분한 뒤 끓는 물에 식초를 1작 은술 넣고 데친다.
2 붉은 고추를 송송 썰어 씨를 턴다.
3 냄비에 식초, 소금, 생수를 담아 한소끔 끓여 식힌다.
4 **3**에 아스파탐을 넣고 섞은 뒤 연근과 고추를 넣어 절인다.

물김치

배추 ¼포기, 당근 ⅓개, 양파 ⅓개, 쪽파
5대, 소금 약간
국물 고춧가루 2큰술, 아스파탐 약간, 다진 마늘 1작은술,
생강즙 1작은술, 생수 10컵

■ 넉넉히 만들어 두고 약간씩 덜어 드세요.

1 배추를 한입 크기로 네모지게 썬 뒤 소금을 뿌려 2시 간 정도 절인다. 배추가 절여지면 흐르는 물에 서너 번 헹궈 물기를 뺀다.
2 당근은 동그랗게 저며 썰고, 양파는 배추와 같은 크 기로 네모지게 썬다. 쪽파도 비슷한 길이로 썬다.
3 생수에 고춧가루를 체에 밭쳐 푼 뒤 아스파탐, 다진 마늘, 생강즙을 넣어 고루 섞는다.
4 **3**에 손질한 배추와 당근, 양파, 쪽파를 넣고 소금으 로 간을 맞춘다. 반나절 정도 익혀 냉장고에 넣어 둔다.

Plus Menu

1400kcal & 1800kcal & 2000kcal 월요일 상차림

자신의 1일 필요 칼로리가 1600kcal가 아니라면, 1600kcal 식단에서 재료의 양이나 먹는 양 등을
자신의 칼로리에 맞춰 조절하면 된다.

1600kcal에서 1400kcal로 조절하려면

아침

저녁

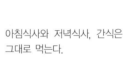

간식

아침식사와 저녁식사, 간식은
그대로 먹는다.

점심식사 때 반찬에서
오징어무침을 뺀다.

점심

보리밥 210g(1공기)을 140g
(⅔공기)으로 줄인다.

44

1600kcal에서 1800kcal로 조절하려면

아침　　　점심　　　저녁

세끼 식사는 그대로 먹는다.

간식

간식으로 사과 100g(작은 것 $\frac{1}{2}$ 개)과 우유 또는 두유 200ml(1컵)를 더 먹는다.

1600kcal에서 2000kcal로 조절하려면

아침

아침식사 때 쌀밥 140g($\frac{2}{3}$공기)을 210g(1공기)으로 늘린다.

점심

점심식사 때 버섯불고기에 들어가는 쇠고기 40g을 80g으로 늘린다.

저녁

저녁식사는 그대로 먹는다.

간식

간식으로 사과 100g(작은 것 $\frac{1}{2}$개)과 우유 또는 두유 200ml(1컵)를 더 먹는다.

■아침식사 때 밥을 더 먹지 않고, 대신 간식으로 보리식빵 35g(1장)을 먹어도 좋다.

화요일 아침 | 몸에 좋은 버섯과 다양한 채소 반찬을 즐긴다

완두밥

쌀 50g, 완두 10g, 물 ⅔컵

1 쌀을 깨끗하게 씻어 30분 정도 물에 담가 두었다가
건진다. 완두도 씻어 물기를 뺀다.
2 냄비에 쌀과 완두를 담고 분량의 물을 부어 밥을 짓
는다.
3 밥물이 끓어오르면 위아래를 뒤섞은 뒤 불을 약하게
줄여 뜸을 들인다.

시금치토장국

시금치 50g, 된장 1작은술, 멸치가루 ½작은술,
물 1컵

1 시금치는 뿌리를 자르고 씻은 뒤 끓는 물에 데쳐 헹
구고 물기를 짠다.
2 냄비에 분량의 물을 담고 멸치가루를 넣어 끓이다가
시금치와 된장을 넣어 한소끔 끓인다.

꼬막찜

꼬막 70g
양념장 간장 2작은술, 다진 파·다진 마늘
½작은술씩, 참기름 ½작은술, 통깨 약간

1 꼬막에 묻은 흙을 말끔히 씻어 낸 뒤 냄비에 담고 물
을 부어 팔팔 끓인다.
2 꼬막이 삶아지면 입을 벌려 한쪽 껍데기를 떼어 낸다.
3 양념장 재료를 한데 섞어 꼬막 위에 끼얹는다.

표고버섯전

표고버섯 50g, 달걀 15g, 식용유 ½작은술,
소금 약간

1 표고버섯은 기둥을 잘라 내고 곱게 채 썬다.
2 달걀을 곱게 푼 뒤 채 썬 표고버섯을 넣어 고루 섞는
다. 소금으로 간한다.
3 달군 팬에 식용유를 두르고 **2**를 한 숟가락씩 덜어
넣어 동그랗게 전을 부친다.

콩나물무침

콩나물 70g, 쪽파 ¼대, 참기름 ½작은술,
소금 약간

1 콩나물을 씻어 냄비에 담고 한김 오를 정도로 살짝
찐다. 쪽파는 송송 썬다.
2 찐 콩나물에 참기름과 소금을 넣어 무친 뒤 송송 썬
쪽파를 넣는다.

오이소박이

오이 3개, 소금 약간
김치 소 부추 30g, 고춧가루 1큰술, 다진
마늘 ½작은술, 아스파탐 약간, 새우젓 2작은술

■ 넉넉히 만들어 두고 약간씩 덜어 드세요.

1 오이를 씻어 3~4cm 길이로 자른 뒤 칼집을 넣는다.
소금을 뿌려 살짝 절인다.
2 부추를 씻어 2~3cm 길이로 썬 뒤 양념에 버무린다.
3 절인 오이에 준비한 김치 소를 채워 넣는다. 반나절
정도 익힌다.

총 열량 580kcal 단백질 28g 지방 15g 당질 85g

화요일 점심 | 시원한 잔치국수로 상차림에 변화를 준다

잔치국수

소면 90g, 쇠고기(기름 없는 살코기) 30g, 호박 20g, 양파·당근 20g씩, 달걀 15g, 무순 약간, 식용유 ½작은술, 참기름 ½작은술, 소금 약간

멸치 국물 굵은 멸치 10마리, 국간장 1작은술, 다진 마늘 ½작은술, 물 2컵

1 쇠고기를 곱게 채 썰어 소금과 참기름으로 양념해 볶는다.
2 호박과 양파, 당근도 곱게 채 썰어 달군 팬에 식용유를 조금 두르고 각각 볶는다. 소금으로 간한다.
3 무순은 씻어 물기를 뺀다.
4 달걀을 풀어 달군 팬에 식용유를 조금 두르고 지단을 부친 뒤 곱게 채 썬다.
5 냄비에 내장을 뺀 멸치를 담고 분량의 물을 부어 8분 정도 끓인다. 멸치를 건져 내고 국간장과 다진 마늘을 넣어 간을 맞춘다.
6 소면을 끓는 물에 넣어 쫄깃하게 삶은 뒤 찬물에 헹구고 물기를 뺀다.
7 삶은 국수를 그릇에 담고 준비한 고명을 얹은 뒤 멸치 국물을 붓는다.

advice 고기와 채소를 볶을 때 식용유를 조금만 쓰고, 볶은 재료는 종이타월 위에 올려 기름을 뺀다. 재료에 어육류가 많이 들어가지 않으므로 1일 1600kcal 이상의 식사를 할 경우에는 다른 어육류 반찬으로 부족한 단백질을 보충한다.

동태전

동태살 30g, 달걀 10g, 소금 약간, 쑥갓잎 적당량, 식용유 ½작은술

1 동태살은 물기를 충분히 닦은 뒤 소금을 뿌려 약하게 간한다.
2 달걀을 풀어 동태살에 옷을 입힌다.
3 달군 팬에 식용유를 두르고 달걀옷 입힌 동태살을 넣는다. 쑥갓을 한 잎씩 떼어 동태살에 붙인 뒤 앞뒤로 뒤집어 가며 지진다.

백김치

배추 ½포기, 무 ⅓개
국물 대추 3개, 잣 1큰술, 다진 마늘 1작은술, 아스파탐·소금 약간씩, 생수 4컵

■ 넉넉히 만들어 두고 약간씩 덜어 드세요.

1 배추를 포기째 준비해 소금을 뿌려 나른하게 절인 뒤 흐르는 물에 씻는다.
2 무는 곱게 채 썰어 소금을 뿌려 살짝 절인 뒤 물기를 짠다. 대추는 씨를 발라 내고 채 썬다.
3 생수에 소금과 아스파탐, 대추채, 잣, 다진 마늘을 넣고 간을 맞춘다.
4 배춧잎 사이사이에 무채를 켜켜이 넣고 겉잎으로 잘 싼 다음 국물을 부어 익힌다.

간식은 이렇게…

우유 200ml(1컵)

총 열량 118kcal
단백질 6g
지방 6g
당질 9g

상차림 흑미밥(1공기) 순두부찌개 돼지고기생강구이
호박새우젓볶음 해초무침 배추김치(50g)

총 열량 570kcal **단백질 28g 지방 15g 당질 82g**

화요일 저녁 | 면역력 높이고 충분한 영양을 섭취한다

흑미밥

쌀 70g, 흑미 20g, 물 $\frac{3}{4}$컵

1 쌀과 흑미를 함께 씻어 물에 30분 정도 담갔다가 건진다.
2 냄비에 쌀과 흑미를 담고 분량의 물을 부어 센 불에 올려 밥을 짓는다.
3 밥물이 끓어오르면 불을 약하게 줄이고 위아래를 뒤섞은 뒤 뜸을 들인다.

순두부찌개

순두부 180g, 김치 30g, 대파 약간, 다진 마늘 $\frac{1}{3}$작은술, 국간장 $\frac{1}{3}$작은술, 소금 약간, 물 $\frac{2}{3}$컵

1 김치는 송송 썰고, 대파는 어슷하게 썬다.
2 냄비에 김치를 넣고 분량의 물을 부어 팔팔 끓인다.
3 **2**에 순두부를 넣고 대파와 다진 마늘, 국간장으로 간을 한다. 모자라는 간은 소금으로 맞춘다.

돼지고기생강구이

돼지고기(기름 없는 살코기) 40g, 대파 $\frac{1}{5}$대, 고추장 1작은술, 다진 마늘 $\frac{1}{2}$작은술, 생강 $\frac{1}{4}$쪽, 소금·후춧가루 약간씩

1 돼지고기를 한입 크기로 저며 썬 뒤 생강을 채 썰어 얹고 소금과 후춧가루로 밑간 한다.
2 고추장에 다진 마늘을 섞어 돼지고기에 바른다.
3 그릴이나 달군 석쇠에 양념한 돼지고기를 올려 앞뒤로 굽는다. 대파를 송송 썰어 얹는다.

advice 생강맛이 배어들면서 돼지고기 특유의 냄새가 없어져 깔끔하게 즐길 수 있다. 돼지고기는 기름이 적은 부위를 고르고, 눈에 보이는 기름은 반드시 떼어 내고 조리한다. 구울 때는 팬을 미리 달궈 식용유 사용량을 줄인다.

호박새우젓볶음

호박 70g, 새우젓 1작은술, 다진 파·다진 마늘 $\frac{1}{2}$작은술씩, 참기름 $\frac{1}{5}$작은술

1 호박은 반달 모양으로 저며 썰고, 새우젓은 굵직하게 다진다.
2 달군 팬에 참기름을 두르고 호박과 새우젓을 넣어 볶다가 다진 파와 다진 마늘을 넣어 맛을 낸다.

해초무침

해초 50g
무침 양념 식초 1작은술, 다진 마늘 $\frac{1}{4}$작은술, 아스파탐·소금 약간씩

1 해초를 맑은 물에 씻어 물기를 뺀 뒤 먹기 좋은 크기로 썬다.
2 준비한 무침 양념을 해초에 넣고 고루 버무린다.

배추김치

배추 $\frac{1}{2}$포기, 소금 약간
김치 소 무 $\frac{1}{5}$개, 고춧가루 2큰술, 다진 마늘 1큰술, 멸치액젓 1큰술, 아스파탐·소금 약간씩

■ 넉넉히 만들어 두고 약간씩 덜어 드세요.

1 배추를 포기째 준비해 소금을 뿌려 2시간 이상 절인 뒤 흐르는 물에 씻어 물기를 뺀다.
2 무를 채 썰어 소금에 살짝 절인 뒤 물기를 짠다.
3 무채에 양념을 넣고 버무려 배춧잎 사이사이에 채운다. 반나절 이상 익혀 냉장고에 넣는다.

Plus Menu

1400kcal & 1800kcal & 2000kcal 화요일 상차림

자신의 1일 필요 칼로리가 1600kcal가 아니라면, 1600kcal 식단에서 재료의 양이나 먹는 양 등을
자신의 칼로리에 맞춰 조절하면 된다.

1600kcal에서 1400kcal로 조절하려면

아침

저녁

간식

아침식사와 저녁식사, 간식은
그대로 먹는다.

점심식사 때 잔치국수의
소면 90g을 60g으로 줄인다.

반찬에서 동태전을 뺀다.

점심

1600kcal에서 1800kcal로 조절하려면

아침

점심

저녁

세끼 식사는 그대로 먹는다.

 ＋ ● ＋ 🥛

간식

간식으로 토마토 250g(큰 것 1개) 과 우유 또는 두유 200ml(1컵)를 더 먹는다.

1600kcal에서 2000kcal로 조절하려면

 ＋

아침

아침식사 때 완두밥 140g($\frac{2}{3}$공기)을 210g(1공기)으로 늘린다.

 ＋

점심

점심식사 때 동태전에서 동태살 30g을 70g으로, 달걀 10g을 20g으로 늘린다.

저녁

 ＋ ● ＋ 🥛

간식

간식으로 토마토 250g(큰 것 1개)과 우유 또는 두유 200ml(1컵)를 더 먹는다.

저녁식사는 그대로 먹는다.

■ 아침식사 때 밥을 더 먹지 않고, 대신 간식으로 삶은 밤 60g(6개)을 먹어도 좋다.

수요일 아침 | 토스트와 샐러드로 간편하게 해결한다

토스트와 스크램블드에그

식빵 2장, 달걀 1개, 양파·양송이버섯·피망·토마토 15g씩, 올리브오일 1작은술, 소금 약간

1 식빵을 토스터나 달군 팬에서 노르스름하게 구워 먹기 좋게 자른다.
2 달걀을 곱게 풀어 소금으로 약하게 간을 맞춘다.
3 양파와 양송이버섯, 피망, 토마토를 손질해 작고 네모지게 썬다.
4 달군 팬에 올리브오일을 두르고 **2** 를 넣어 달걀이 익기 시작하면 마구 휘젓는다. 익힌 달걀을 팬 한쪽으로 밀쳐 놓고 손질한 채소를 넣어 살캉거릴 정도로만 볶는다. 달걀과 채소를 어우러지도록 섞은 뒤 소금으로 간을 맞춘다.
5 접시에 토스트를 담고 위에 스크램블드에그를 얹는다.

채소샐러드

양상추 50g, 오이 15g, 피망 10g, 토마토 20g, 무순·알팔파 5g씩
발사믹 드레싱 발사믹 식초 2큰술, 다진 양파 ⅓큰술, 소금·후춧가루 약간씩

1 양상추를 흐르는 물에 씻어 물기를 뺀다.
2 오이와 피망은 링 모양으로 썰고, 토마토도 먹기 좋은 크기로 썬다. 무순과 알팔파는 씻어 물기를 뺀다.
3 그릇에 준비한 채소를 담고 드레싱을 만들어 듬뿍 끼얹는다.

advice 마요네즈나 프렌치 드레싱 등 일반적인 샐러드 드레싱은 기름이 많이 들어 있어 칼로리를 높인다. 발사믹 드레싱, 간장 드레싱, 마늘 소스 등 기름이 적은 드레싱을 이용한다.

수요일 점심 | 푸짐한 전골은 보기만 해도 만족감을 얻을 수 있다

완두밥

쌀 70g, 완두 20g, 물 ⅘컵

1 쌀을 깨끗하게 씻어 30분 정도 물에 담가 두었다가 건진다. 완두도 씻어 물기를 뺀다.
2 냄비에 쌀과 완두를 담고 분량의 물을 부어 밥을 짓는다.
3 밥물이 끓어오르면 위아래를 뒤섞은 뒤 불을 약하게 줄여 뜸을 들인다.

쇠고기전골

쇠고기(기름 없는 살코기) 80g, 배추 30g, 호박 20g, 쑥갓 20g, 숙주 20g, 표고버섯·팽이버섯 15g씩, 참기름 ½작은술, 소금 약간
멸치 국물 굵은 멸치 10마리, 국간장 1큰술, 다진 마늘 1작은술, 소금 약간, 물 2컵

1 쇠고기를 곱게 채 썰어 참기름에 무친다.
2 배추는 깨끗이 씻어 굵게 채 썰고, 호박은 반달 모양으로 저며 썬다. 쑥갓은 3~4cm 길이로 자르고, 숙주는 살짝 데친다.
3 표고버섯은 도톰하게 저며 썰고, 팽이버섯은 밑동을 잘라 낸다.
4 냄비에 내장을 뺀 멸치를 담고 분량의 물을 부어 한소끔 팔팔 끓인다. 멸치를 건져 내고 국간장과 다진 마늘, 소금을 넣어 간을 맞춘다.
5 다른 냄비에 준비한 재료를 빙 둘러 가며 담고 멸치 국물을 부어 끓인다. 모자라는 간은 소금으로 맞춘다.

advice 기름이 적은 고기는 익혔을 때 퍽퍽해지는 단점이 있다. 조리 전에 칼집을 넣거나 고기망치로 두드리면 고기가 연해진다. 고기를 다져 완자를 만들어 넣는 것도 부드럽게 즐길 수 있는 방법이다.

더덕구이

더덕 25g, 고추장 2작은술, 다진 파·다진 마늘 ½작은술씩, 쪽파 1대, 통깨 약간, 식용유 ½작은술

1 더덕을 나무젓가락 굵기로 썰어 칼등으로 자근자근 두들겨 편다. 쪽파는 송송 썬다.
2 고추장에 다진 파, 다진 마늘을 넣고 섞은 뒤 더덕에 고루 바른다.
3 달군 팬에 식용유를 두르고 양념에 잰 더덕을 넣어 굽는다. 송송 썬 쪽파와 통깨를 뿌려 맛을 낸다.

배추김치

배추 ½포기, 소금 약간
김치 소 무 ⅛개, 고춧가루 2큰술, 다진 마늘 1큰술, 멸치액젓 1큰술, 아스파탐·소금 약간씩

■ 넉넉히 만들어 두고 약간씩 덜어 드세요.

1 배추를 포기째 준비해 소금을 뿌려 2시간 이상 절인 뒤 흐르는 물에 씻어 물기를 뺀다.
2 무를 채 썰어 소금에 살짝 절인 뒤 물기를 짠다.
3 무채를 양념에 버무려 배춧잎 사이사이에 채운다.

간식은 이렇게…
복숭아 150g(½개)
총 열량 55kcal
당질 14g

수요일 저녁 | 질 좋은 식물성 단백질이 많은 두부를 이용한다

보리밥

쌀 70g, 보리 20g, 물 ⅘컵

1 쌀과 보리를 함께 씻은 뒤 물에 30분 정도 담가 두었
다가 건져 물기를 뺀다.
2 냄비에 쌀과 보리를 담고 분량의 물을 부어 밥을 짓
는다.
3 밥물이 끓어오르면 위아래를 뒤섞은 뒤 불을 약하게
줄여 뜸을 들인다.

무다시마국

무 50g, 다시마(5×5cm) 2장, 국간장 1작은술,
물 1컵

1 무는 네모지게 썰고, 다시마는 흐르는 물에 씻는다.
2 냄비에 분량의 물과 다시마를 넣어 끓인 뒤 고운 체
에 밭친다. 이렇게 하면 국물이 끈적이지 않고 깔끔해
진다. 다시마는 먹기 좋게 썰어 국물에 다시 넣는다.
3 다시마 국물에 무를 넣고 한소끔 끓인 뒤 국간장으로
간을 맞춘다.

두부구이

두부 80g, 식용유 ½작은술
양념장 간장 2작은술, 고춧가루 1작은술, 다진 파·
다진 마늘 ½작은술씩

1 두부를 도톰하고 네모지게 썰어 물기를 대충 닦는다.
2 달군 팬에 식용유를 두르고 두부를 넣어 앞뒤로 뒤집
어 가며 굽는다. 구운 두부를 접시에 담고 양념장을 만
들어 끼얹는다.

병어조림

병어 50g, 물 5큰술, 양파 10g, 대파 5g,
마늘 1쪽, 붉은 고추 ½개
조림 양념 간장 1작은술, 고춧가루 ½작은술, 청주 ½작은술,
소금·후춧가루 약간씩

1 병어를 손질해 작게 토막낸다.
2 냄비에 병어를 담고 조림 양념을 끼얹은 뒤 양파, 대
파, 마늘, 고추를 넣는다. 분량의 물을 넣어 조린다.

가지나물

가지 60g, 참기름 ½작은술, 소금 약간

1 가지를 어슷 썰어 끓는 물에 데친 뒤 물기를 짠다.
2 가지에 참기름과 소금을 넣어 조물조물 무친다.

쑥갓무침

쑥갓 70g, 참기름 ½작은술, 소금 약간

1 쑥갓을 2~3cm 길이로 잘라 씻는다.
2 쑥갓에 참기름과 소금을 넣어 가볍게 무친다.

배추김치

배추 ½포기, 소금 약간
김치 소 무 ⅓개, 고춧가루 2큰술, 다진 마늘·
멸치액젓 1큰술씩, 아스파탐·소금 약간씩

■ 넉넉히 만들어 두고 약간씩 덜어 드세요.

1 배추를 포기째 2시간 이상 소금에 절인 뒤 물에 씻는다.
2 무를 채 썰어 소금에 살짝 절인 뒤 물기를 짠다.
3 무채를 양념에 버무려 배춧잎 사이사이에 채운다.

Plus Menu

1400kcal & 1800kcal & 2000kcal 수요일 상차림

자신의 1일 필요 칼로리가 1600kcal가 아니라면, 1600kcal 식단에서 재료의 양이나 먹는 양 등을
자신의 칼로리에 맞춰 조절하면 된다.

1600kcal에서 1400kcal로 조절하려면

아침

저녁

간식

아침식사와 저녁식사, 간식
은 그대로 먹는다.

점심식사 때 완두밥 210g(1
공기)을 140g(⅔공기)으로
줄인다.

쇠고기전골에 들어가는 쇠고
기 80g을 40g으로 줄인다.

점심

60

1600kcal에서 1800kcal로 조절하려면

아침 점심 저녁

세끼 식사는 그대로 먹는다.

간식

간식으로 복숭아 150g($\frac{1}{2}$개)과 우유 또는 두유 200ml(1컵)를 더 먹는다.

1600kcal에서 2000kcal로 조절하려면

아침

아침식사 때 토스트의 식빵 70g(2장)을 105g(3장)으로 늘린다.

점심

점심식사 때 쇠고기전골에 두부 80g($\frac{1}{2}$모)을 넣는다.

저녁

저녁식사는 그대로 먹는다.

간식

간식으로 복숭아 150g($\frac{1}{2}$개)과 우유 또는 두유 200ml(1컵)를 더 먹는다.

■ 아침식사 때 토스트를 더 먹지 않고, 대신 간식으로 삶은 감자 130g(1개)을 먹어도 좋다.

상차림 쌀밥($\frac{2}{3}$공기) 기름 제거한 사골국(쇠고기 20g)
멸치고추조림 열무된장무침 깍두기(50g)

총 열량 370kcal 단백질 13g 지방 8g 당질 55g

목요일 아침 | 기름 쏙 뺀 사골국으로 담백한 고깃국을 먹는다

쌀밥

쌀 60g, 물 $\frac{1}{2}$컵

1 쌀을 씻어 30분 정도 물에 담가 두었다가 건져 물기를 뺀다.
2 냄비에 쌀을 담고 분량의 물을 부어 밥을 짓는다.
3 밥물이 끓어오르면 불을 약하게 줄이고 위아래를 뒤섞은 뒤 뜸을 들인다.

사골국

사골 1kg, 쇠고기(기름 없는 살코기) 300g,
물 20컵, 대파 5g, 소금·후춧가루 약간씩

■ 넉넉히 만들어 두고 약간씩 덜어 드세요.

1 사골을 물에 담가 핏물을 충분히 뺀 뒤 끓는 물에 넣고 5분 정도 삶아 건진다.
2 냄비에 사골을 담고 분량의 물을 부어 2시간 정도 팔팔 끓인다. 국물이 우러나면 불에서 내려 식힌 뒤 굳은 기름을 완전히 걷어 낸다.
3 **2**를 다시 불에 올려 끓이다가 물을 조금 더 붓는다. 여기에 쇠고기를 넣어 2시간 정도 푹 곤 뒤 식혀 기름을 완전히 걷어 낸다.
4 그릇에 고기를 빼고 국물만 담은 뒤 대파를 송송 썰어 얹는다. 소금과 후춧가루를 곁들인다.

advice 사골 국물에 생기는 기름은 포화 지방산으로 콜레스테롤 수치를 높인다. 사골 국물은 냉장고에 넣어 식히면서 굳은 기름을 여러 번 걷어 내어 완전히 없애야 한다. 사골 국물은 기름만 없애면 칼로리가 낮아 배고플 때 먹기 좋다.

멸치고추조림

잔멸치 8g, 꽈리고추 20g, 식용유 $\frac{1}{2}$작은술,
간장 1작은술, 다진 마늘 $\frac{1}{2}$작은술, 소금 약간

1 잔멸치를 체에 담아 흐르는 물에 살짝 씻어 물기를 뺀다.
2 꽈리고추는 꼭지를 떼고, 긴 것은 어슷하게 썬다.
3 달군 팬에 식용유를 두르고 잔멸치와 고추를 넣어 볶다가 간장과 다진 마늘을 넣어 맛을 낸다. 모자라는 간은 소금으로 맞춘다.

열무된장무침

열무 70g, 된장 1작은술, 다진 파·다진
마늘 $\frac{1}{2}$작은술씩, 참기름 $\frac{1}{2}$작은술

1 열무를 3~4cm 길이로 썬 뒤 끓는 물에 데쳐 물기를 꼭 짠다.
2 데친 열무에 된장과 다진 파, 다진 마늘, 참기름을 넣고 조물조물 무친다.

깍두기

무 1개, 소금 약간
양념 고춧가루 2큰술, 새우젓 2큰술, 다진
마늘 1큰술, 아스파탐 약간

■ 넉넉히 만들어 두고 약간씩 덜어 드세요.

1 무를 깍둑썰기 해서 소금을 뿌려 1시간 이상 절인 뒤 체에 밭쳐 물기를 뺀다.
2 새우젓을 곱게 다져 나머지 양념과 섞은 뒤 절인 무를 넣어 고루 버무린다.

목요일 점심 | 비빔밥은 여러 식품을 골고루 먹을 수 있어 좋다

비빔밥

콩밥 210g(1공기), 고추장 ½큰술, 콩나물·시금치·도라지 30g씩, 고사리 20g, 쇠고기(기름 없는 살코기) 20g, 달걀 1개, 소금 약간, 간장 ½작은술, 다진 마늘 2작은술, 참기름 ½작은술, 식용유 1작은술

1 콩나물과 시금치는 데쳐 물기를 짠 뒤 각각 소금과 참기름을 넣어 무친다.
2 도라지는 소금으로 문질러 씻어 쓴맛을 없앤다. 달군 팬에 식용유를 조금 두르고 도라지를 넣어 볶다가 소금으로 약하게 간한다.
3 고사리는 삶은 것으로 준비해 식용유와 간장을 넣어 볶다가 다진 마늘 1작은술을 넣어 볶는다.
4 쇠고기는 곱게 다진 뒤 참기름과 다진 마늘 1작은술을 넣고 볶는다.
5 달걀은 풀어 식용유를 조금 두른 팬에 넣어 지단을 부친 뒤 곱게 채 썬다.
6 그릇에 콩밥을 담아 준비한 쇠고기와 나물, 지단채를 얹고 고추장을 곁들인다.

미역국

마른 미역 2g, 국간장 1작은술, 물 1컵

1 마른 미역을 물에 담가 불린 뒤 먹기 좋게 썬다.
2 냄비에 미역을 넣고 분량의 물을 부어 한소끔 끓인다. 국간장으로 간을 맞춘다.

advice 미역국을 끓일 때 보통 미역을 참기름에 볶다가 물을 부어 끓이지만, 이 식단에서는 비빔밥에 식용유가 많이 들어가기 때문에 미역국은 참기름을 넣지 않고 끓인다.

백김치

배추 ½포기, 무 ⅓개
국물 대추 3개, 잣 1큰술, 다진 마늘 1작은술, 아스파탐·소금 약간씩, 생수 4컵

■ 넉넉히 만들어 두고 약간씩 덜어 드세요.

1 배추를 포기째 준비해 소금을 뿌려 나른하게 절인 뒤 흐르는 물에 씻는다.
2 무는 곱게 채 썰어 소금을 뿌려 살짝 절인 뒤 물기를 짠다. 대추는 씨를 발라 내고 채 썬다.
3 생수에 소금과 아스파탐, 대추채, 잣, 다진 마늘을 넣고 간을 맞춘다.
4 배춧잎 사이사이에 무채를 켜켜이 넣고 겉잎으로 잘 싼 다음 국물을 부어 익힌다.

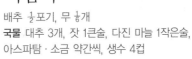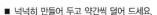
advice 재료를 각각 볶기 때문에 식용유 사용량이 많아져 칼로리가 높아질 수 있다. 나물을 볶을 때나 지단을 부칠 때 식용유를 많이 쓰지 않도록 주의한다. 코팅 된 팬을 쓰는 것도 식용유를 덜 사용할 수 있는 방법이다. 볶은 나물 대신 상추, 양배추, 오이 등을 생으로 넣어도 좋다.

간식은 이렇게…
포도 100g, 우유 200ml(1컵)
총 열량 180kcal
단백질 6g
지방 7g
당질 13g

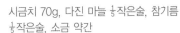

상차림 보리밥(1공기) 아욱국 닭고기양념구이 시금치나물
우엉조림 물김치(70g)

총 열량 555 kcal 단백질 32g 지방 10g 당질 85g

목요일 저녁 | 기름기 적은 닭고기로 단백질을 섭취한다

보리밥

쌀 70g, 보리 20g, 물 ⅘컵

1 쌀과 보리를 함께 씻은 뒤 물에 30분 정도 담가 두었
다가 건져 물기를 뺀다.
2 냄비에 쌀과 보리를 담고 분량의 물을 부어 밥을 짓
는다.
3 밥물이 끓어오르면 위아래를 뒤섞은 뒤 불을 약하게
줄여 뜸을 들인다.

아욱국

아욱 50g, 된장 ⅓큰술, 물 1컵

1 아욱은 겉껍질을 벗겨 다듬은 뒤 적당한 길이로 썰어
끓는 물에 살짝 데친다.
2 냄비에 분량의 물을 담고 한소끔 끓이다가 아욱과 된
장을 넣어 끓인다.

닭고기양념구이

닭고기(껍질 벗긴 살코기) 80g, 식용유 ½작은술
닭고기 양념 간장 1작은술, 다진 마늘 ½작은술,
양파즙 ½작은술, 참기름 ½작은술, 소금·후춧가루
약간씩

1 닭고기는 얄팍하게 저며 썬 뒤 준비한 닭고기 양념을
넣고 고루 버무려 잠시 잰다.
2 달군 팬에 식용유를 두르고 양념한 닭고기를 넣어 타
지 않게 앞뒤로 뒤집어 가며 굽는다.

advice 동물성 지방은 칼로리가 높을 뿐 아니라 혈중 콜레스테롤 수치를 높
일 수 있다. 반드시 닭고기는 껍질과 기름을 떼어 내고 조리한다.

시금치나물

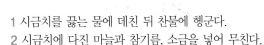

시금치 70g, 다진 마늘 ½작은술, 참기름
½작은술, 소금 약간

1 시금치를 끓는 물에 데친 뒤 찬물에 헹군다.
2 시금치에 다진 마늘과 참기름, 소금을 넣어 무친다.

우엉조림

우엉 30g, 식용유 ½작은술, 간장 1작은술,
아스파탐 약간, 물 5큰술

1 우엉을 스틱 모양으로 썰어 끓는 물에 살짝 데친다.
2 팬에 식용유와 간장, 분량의 물을 넣고 우엉을 넣어
조린다. 아스파탐을 넣어 단맛을 낸다.

물김치

배추 ⅛포기, 당근 ⅓개, 양파 ⅓개, 쪽파
5대, 소금 약간
국물 고춧가루 2큰술, 아스파탐 약간, 다진
마늘 1작은술, 생강즙 1작은술, 생수 10컵

■ 넉넉히 만들어 두고 약간씩 덜어 드세요.

1 배추를 한입 크기로 네모지게 썬 뒤 소금을 뿌려 2시
간 정도 절인다. 배추가 절여지면 흐르는 물에 서너 번
헹궈 물기를 뺀다.
2 당근은 동그랗게 저며 썰고, 양파는 배추와 같은 크
기로 네모지게 썬다. 쪽파도 비슷한 길이로 썬다.
3 생수에 고춧가루를 체에 밭쳐 푼 뒤 아스파탐, 다진
마늘, 생강즙을 넣어 고루 섞는다.
4 **3**에 손질한 배추와 당근, 양파, 쪽파를 넣고 소금으
로 간을 맞춘다. 반나절 정도 익혀 냉장고에 넣어 둔다.

1400kcal & 1800kcal & 2000kcal 목요일 상차림

자신의 1일 필요 칼로리가 1600kcal가 아니라면, 1600kcal 식단에서 재료의 양이나 먹는 양 등을
자신의 칼로리에 맞춰 조절하면 된다.

1600kcal에서 1400kcal로 조절하려면

아침

저녁

간식

아침식사와 저녁식사, 간식은
그대로 먹는다.

점심식사 때 비빔밥에서 콩
밥 210g(1공기)을 140g(⅔공
기)으로 줄이고, 달걀을 뺀다.

점심

1600kcal에서 1800kcal로 조절하려면

아침

점심

저녁

세끼 식사는 그대로 먹는다.

간식

간식으로 포도 100g과 우유 또는
두유 200ml(1컵)를 더 먹는다.

1600kcal에서 2000kcal로 조절하려면

아침

아침식사 때 쌀밥 140g(⅔공
기)을 210g(1공기)으로 늘린다.

점심

점심식사는 그대로 먹는다.

저녁

저녁식사 때 닭고기양념구
이에 들어가는 닭고기
80g을 120g으로 늘린다.

간식

간식으로 포도 100g과 우유 또는 두유
200ml(1컵)를 더 먹는다.

■ 아침식사 때 밥을 더 먹지 않고, 대신 간식으로 인절미
50g(3개)을 먹어도 좋다.

총 열량 335kcal 단백질 14g 지방 6g 당질 55g

금요일 아침 | 부드러운 영양죽에 비타민 반찬을 곁들인다

굴죽

쌀 60g, 굴 70g, 실파 ½대, 참기름 1작은술, 통깨·소금 약간씩, 물 1½컵

1 쌀을 깨끗하게 씻어 물에 30분 정도 담갔다가 건져 물기를 뺀다.
2 굴은 싱싱한 것으로 준비해 연한 소금물에 담가 살살 흔들어 헹구고 물기를 뺀다.
3 달군 냄비에 참기름을 두르고 쌀을 넣어 볶다가 분량의 물을 붓고 주걱으로 저어 가며 끓인다.
4 쌀알이 충분히 퍼지고 부드럽게 익으면 굴을 넣고 송송 썬 실파와 통깨를 넣어 맛을 낸다. 먹기 전에 소금을 넣어 간을 맞춘다.

숙주미나리초무침

숙주 40g, 미나리 20g, 소금 약간
무침 양념 식초 2작은술, 겨자 ⅓작은술, 다진 파·다진 마늘 ¼작은술씩, 아스파탐 약간

1 숙주는 끓는 물에 살짝 데쳐 건지고, 미나리는 잎을 대충 훑어 내고 2~3cm 길이로 썬다.
2 식초에 겨자와 다진 파, 다진 마늘, 아스파탐을 넣어 섞은 뒤 숙주와 미나리를 넣고 버무린다. 모자라는 간은 소금으로 맞춘다.

나박김치

무 ⅓개, 배춧잎 10장, 당근 ⅓개
국물 쪽파 3대, 마늘 5쪽, 고춧가루 2큰술, 식초 1작은술, 아스파탐·소금 약간씩, 생수 10컵

■ 넉넉히 만들어 두고 약간씩 덜어 드세요.

1 무를 껍질째 씻어 작고 네모지게 썬다.
2 배춧잎도 무와 비슷한 크기로 네모지게 썬다. 소금을 뿌려 1시간 정도 절인 뒤 흐르는 물에 씻어 건진다.
3 당근은 얄팍하게 썰고, 쪽파는 2~3cm 길이로 썬다. 마늘은 저며 썬다.
4 생수에 고춧가루를 체에 밭쳐 푼 뒤 소금과 식초, 아스파탐, 파, 마늘을 넣어 간을 맞춘다.
5 **4**에 무와 배추, 당근을 넣어 섞는다. 반나절 이상 익혀 냉장고에 넣는다.

총 열량 570kcal	단백질 26g	지방 15g	당질 80g

금요일 점심 | 명란찌개와 생선구이로 바다의 영양을 건진다

차조밥

쌀 70g, 차조 20g, 물 ¾컵

1 쌀과 차조를 한데 섞어 깨끗하게 씻은 뒤 30분 정도 물에 담갔다가 건진다.
2 냄비에 쌀과 차조를 담고 분량의 물을 부어 센 불에 올려 밥을 짓는다.
3 밥물이 끓어오르면 위아래를 뒤섞은 뒤 불을 약하게 줄여 뜸을 들인다.

명란두부찌개

명란 20g, 두부 40g, 무 50g, 다진 파·다진 마늘 ½작은술씩, 국간장 ½큰술, 청주 ½작은술, 고춧가루 ½작은술, 물 1컵

1 명란은 싱싱한 것으로 준비하고, 두부는 네모지게 썬다. 무도 두부와 비슷한 크기로 네모지게 썬다.
2 냄비에 분량의 물을 부어 끓이다가 명란과 무를 먼저 넣고 끓인 뒤 두부를 넣는다. 다진 파와 마늘, 국간장, 청주를 넣어 간한 뒤 고춧가루로 매콤한 맛을 낸다.

advice 명란은 반드시 절이지 않은 것을 쓴다. 명란젓은 짜기 때문에 당뇨병 환자에게 좋지 않다. 새우젓 국물을 약간 넣어 간을 하면 시원한 맛을 낼 수 있다.

셀러리부추무침

셀러리 50g, 부추·양파 10g씩
무침 양념 간장 ½큰술, 다진 파·다진 마늘 ⅓작은술씩, 고춧가루 ⅓작은술, 통깨·소금 약간씩

1 셀러리는 겉껍질을 벗긴 뒤 어슷하게 썰고, 부추는 2~3cm 길이로 썬다. 양파는 굵게 채 썬다.
2 무침 양념에 셀러리와 부추, 양파를 넣어 버무린다.

삼치구이

삼치 50g, 식용유 ½작은술, 소금 약간, 레몬 슬라이스 1조각

1 삼치를 깨끗하게 손질한 뒤 소금을 뿌려 밑간 한다.
2 달군 팬에 식용유를 두르고 삼치를 넣어 타지 않게 앞뒤로 굽는다. 접시에 삼치를 담고 레몬을 곁들인다.

advice 생선을 팬에 구울 때는 식용유를 많이 쓰지 않도록 주의한다. 생선에 식용유를 살짝 발라 오븐이나 그릴에 구우면 식용유 사용량을 줄일 수 있다. 생선을 전자레인지에 익혀 다시 달군 팬에 굽는 것도 좋은 방법이다. 레몬즙을 뿌리면 생선의 비린맛을 없앨 수 있다.

배추김치

배추 ½포기, 소금 약간
김치 소 무 ⅕개, 고춧가루 2큰술, 다진 마늘 1큰술, 멸치액젓 1큰술, 아스파탐·소금 약간씩

■ 넉넉히 만들어 두고 약간씩 덜어 드세요.

1 배추를 포기째 준비해 소금을 뿌려 2시간 이상 절인 뒤 흐르는 물에 씻어 물기를 뺀다.
2 무를 채 썰어 소금을 뿌려 살짝 절인 뒤 물기를 짠다.
3 무채에 양념을 넣고 버무려 배춧잎 사이사이에 채운다. 반나절 이상 익혀 냉장고에 넣는다.

간식은 이렇게…

포도 100g, 우유 200ml(1컵)

총 열량 180kcal
단백질 6g
지방 7g
당질 13g

총 열량 560kcal 단백질 30g 지방 13g 당질 82g

금요일 저녁 | 고기 반찬과 채소 반찬으로 균형을 잡는다

강낭콩보리밥
쌀 50g, 보리 20g, 강낭콩 20g, 물 ⅔컵

1 쌀과 보리, 강낭콩을 함께 씻은 뒤 30분 정도 물에 담
갔다가 건진다.
2 냄비에 ①을 담고 분량의 물을 부어 밥을 짓는다.
3 밥물이 끓어오르면 위아래를 뒤섞은 뒤 불을 약하게
줄여 뜸을 들인다.

근대국
근대 50g, 대파 약간, 된장 1큰술, 굵은 멸치
5마리, 물 1컵

1 근대를 굵게 채 썰어 끓는 물에 살짝 데친다.
2 냄비에 내장을 뺀 멸치와 분량의 물을 넣고 팔팔 끓
인다. 멸치를 건져 내고 근대를 넣어 한소끔 끓이다가
된장을 풀어 넣고 송송 썬 대파를 넣는다.

닭찜
닭고기(껍질 벗긴 살코기) 80g, 양파·당근·피망·
껍질콩 10g씩, 물 ½컵
찜 양념 간장 2작은술, 다진 파·다진 마늘 ½작은
술씩, 참기름 ½큰술, 소금 약간

1 껍질과 기름을 뗀 닭고기를 한입 크기로 썬다.
2 양파와 당근, 피망을 먹기 좋은 크기로 네모지게 썬
다. 껍질콩은 반으로 썬다.
3 냄비에 닭고기와 양파, 당근, 피망을 담고 찜 양념을
끼얹은 뒤 가장자리로 분량의 물을 붓고 푹 찐다.
4 닭고기에 양념이 배어들고 채소가 익으면 불을 약하
게 줄이고 껍질콩을 넣는다. 국물이 자작하게 졸아들면
불에서 내린다.

참나물
참나물 70g, 식용유 ½작은술, 소금 약간

1 참나물을 파르스름하게 데쳐 찬물에 헹군 뒤 물기를
빼고 먹기 좋게 썬다.
2 달군 팬에 식용유를 두르고 참나물을 넣어 볶다가 소
금으로 간을 맞춘다.

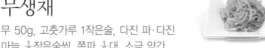

무생채
무 50g, 고춧가루 1작은술, 다진 파·다진
마늘 ½작은술씩, 쪽파 ½대, 소금 약간

1 무를 곱게 채 썰어 소금을 뿌려 나른하게 절인 뒤 물
기를 짠다.
2 무채에 고춧가루와 다진 파, 다진 마늘을 넣어 무친
뒤 송송 썬 쪽파를 넣는다.

열무김치
열무 1단, 얼갈이배추 ½단, 양파 ½개, 소금
약간
양념 다진 마늘 1큰술, 붉은 고추 3개, 고춧
가루 1큰술, 밀가루풀 2컵

■ 넉넉히 만들어 두고 약간씩 덜어 드세요.

1 열무와 얼갈이배추를 3~4cm 길이로 썰고 소금을 뿌
려 2시간 정도 절인 뒤 흐르는 물에 씻어 물기를 뺀다.
양파는 굵게 채 썬다.
2 양념 재료를 모두 믹서에 넣어 30초 정도 곱게 간다.
3 김치 용기에 열무와 얼갈이배추, 양파를 적당히 담고
②의 양념을 끼얹는다. 나머지도 같은 방법으로 담는다.

Plus Menu

1400kcal & 1800kcal & 2000kcal 금요일 상차림

자신의 1일 필요 칼로리가 1600kcal가 아니라면, 1600kcal 식단에서 재료의 양이나 먹는 양 등을
자신의 칼로리에 맞춰 조절하면 된다.

1600kcal에서 1400kcal로 조절하려면

아침

저녁

간식

아침식사와 저녁식사, 간식은
그대로 먹는다.

점심식사 때 차조밥 210g(1공
기)을 140g(⅔공기)으로 줄인다.

점심

명란두부찌개에서 무의 양을
늘리고 명란과 두부를 뺀다.

76

1600kcal에서 1800kcal로 조절하려면

아침

점심

저녁

세끼 식사는 그대로 먹는다.

간식

간식으로 포도 100g과 우유 또는
두유 200ml(1컵)를 더 먹는다.

1600kcal에서 2000kcal로 조절하려면

아침

아침식사 때 반찬으로 옥수
수샐러드(옥수수 50g, 양파
5g, 피망 5g)를 더 먹는다.

점심

점심식사 때 삼치구이의 삼치
50g을 100g으로 늘린다.

저녁

저녁식사는 그대로 먹는다.

간식

간식으로 포도 100g과 우유 또는 두유
200ml(1컵)를 더 먹는다.

■ 아침식사 때 옥수수샐러드를 더 먹지 않고, 대신 간식으
로 삶은 옥수수 50g($\frac{1}{2}$개)을 먹어도 좋다.

토요일 아침 | 해물·고기·채소를 골고루 상에 올린다

완두밥

쌀 50g, 완두 10g, 물 ⅓컵

1 쌀을 깨끗하게 씻어 30분 정도 물에 담가 두었다가 건진다. 완두도 씻어 물기를 뺀다.
2 냄비에 쌀과 완두를 담고 물을 부어 밥을 짓는다.
3 밥물이 끓어오르면 위아래를 뒤섞은 뒤 불을 약하게 줄여 뜸을 들인다.

조개탕

모시조개 10개, 마늘 2쪽, 대파 10g, 소금 약간,
물 1컵

1 모시조개를 손바닥으로 박박 문질러 씻는다. 냄비에 모시조개와 분량의 물을 담고 마늘과 대파를 큼직하게 썰어 넣고 끓인다.
2 조개가 입을 벌리면 건져서 생수에 살살 흔들어 씻는다. 조개 국물은 잠시 그대로 두었다가 체에 밭쳐 다른 냄비에 담는다.
3 조개 국물을 살짝 더 끓이다가 삶은 조개를 넣는다. 모자라는 간은 소금으로 맞춘다.

우무오이무침

우무 30g, 오이 40g, 소금·통깨 약간씩

1 우무는 굵게 채 썬 것으로 준비해 체에 밭쳐 물기를 뺀다.
2 오이를 껍질째 깨끗하게 씻어 곱게 채 썬 뒤 소금을 조금 뿌려 절였다가 물기를 짠다.
3 그릇에 우무와 오이를 담고 소금, 통깨를 넣어 고루 무친다.

쇠고기장조림

쇠고기(기름 없는 살코기) 600g, 양파 1개,
마늘 5쪽, 붉은 고추 2개, 간장 3큰술, 국간
장 1큰술, 아스파탐 약간, 물 1컵

■ 넉넉히 만들어 두고 약간씩 덜어 드세요.

1 쇠고기를 큼직하고 네모지게 썰어 끓는 물에 5분 정도 삶아 건진다.
2 냄비에 분량의 물을 붓고 간장과 국간장을 넣은 뒤 애벌로 삶은 쇠고기를 넣어 조린다.
3 국물이 끓기 시작하면 양파와 마늘, 붉은 고추를 적당히 썰어 넣고 국물이 반 이상 줄어들 때까지 조린다. 어느 정도 조려지면 양파와 마늘을 건지고 아스파탐으로 단맛을 더한다.

백김치

배추 ½포기, 무 ⅓개
국물 대추 3개, 잣 1큰술, 다진 마늘 1작은술,
아스파탐·소금 약간씩, 생수 4컵

■ 넉넉히 만들어 두고 약간씩 덜어 드세요.

1 배추를 포기째 준비해 소금을 뿌려 나른하게 절인 뒤 흐르는 물에 씻는다.
2 무는 곱게 채 썰어 소금을 뿌려 살짝 절인 뒤 물기를 짠다. 대추는 씨를 발라 내고 채 썬다.
3 생수에 소금과 아스파탐, 대추채, 잣, 다진 마늘을 넣고 섞어 간을 맞춘다.
4 배춧잎 사이사이에 무채를 켜켜이 넣고 겉잎으로 잘 싼 다음 국물을 부어 익힌다.

토요일 저녁 | 신선한 쌈과 채소로 비타민과 섬유질을 충분히 섭취한다

감자밥

감자 130g, 쌀 60g, 물 ⅔컵

1 감자는 껍질을 벗기고 반으로 잘라 흐르는 물에 씻어 건진다.
2 쌀을 씻어 물에 담갔다가 건져 물기를 뺀다.
3 냄비에 쌀과 감자를 담고 분량의 물을 부어 밥을 짓는다. 밥물이 끓어오르면 위아래를 뒤섞은 뒤 불을 약하게 줄여 뜸을 들인다.

advice 햇감자를 넣어 지은 밥은 푸짐하고 색다른 맛을 즐길 수 있다. 감자는 잡곡과 달리 밥을 지을 때 양을 재기 어렵다. 밥을 풀 때 밥 ⅔공기에 중간 크기의 감자가 1개 정도 들어가게 푼다.

콩나물국

콩나물 50g, 다진 마늘 ¼작은술, 소금 약간,
물 1컵

1 콩나물을 씻어 물기를 뺀다.
2 냄비에 콩나물을 담고 분량의 물을 부어 끓이다가 소금과 다진 마늘을 넣어 간을 맞춘다.

돼지불고기

돼지고기(기름 없는 살코기) 80g, 양파 30g, 식용유 ½작은술
돼지고기 양념 고추장 1작은술, 다진 파·다진 마늘 ½작은술씩, 소금·후춧가루 약간씩

1 돼지고기를 한입 크기로 썬 뒤 준비한 돼지고기 양념을 넣고 버무려 잠시 잰다.
2 양파를 채 썬다. 강판에 갈아 양념에 넣어도 좋다.
3 달군 팬에 식용유를 두르고 양념한 돼지고기와 양파를 넣어 볶는다.

쌈과 채소스틱

쌈채소 상추·치커리·깻잎·비타민·케일 20g씩
채소스틱 오이·당근·풋고추 10g씩, 소금 약간
쌈장 된장·고추장 1작은술씩, 다진 마늘 ⅓작은술

1 쌈채소를 깨끗하게 씻어 물기를 턴다.
2 오이를 껍질째 소금으로 문질러 씻어 스틱 모양으로 썰고, 당근과 풋고추도 씻어 비슷한 크기로 썬다.
3 쌈장 재료를 한데 섞어 쌈채소와 채소스틱에 곁들인다.

열무물김치

열무·얼갈이배추 1단씩, 양파 ½개
국물 마른 고추 3개, 붉은 고추 10개,
마늘 5쪽, 밀가루 1작은술, 물 1컵, 아스파탐·소금 약간씩,
생수 10컵

■ 넉넉히 만들어 두고 약간씩 덜어 드세요.

1 열무와 얼갈이배추를 먹기 좋게 썰어 씻는다. 소금을 뿌리고 물을 흩뿌려 2시간 정도 절인 뒤 헹궈 물기를 뺀다.
2 양파는 굵게 채 썰고, 마른 고추와 붉은 고추는 씻어 꼭지를 뗀 뒤 큼직하게 썬다. 마늘은 꼭지를 자른다.
3 냄비에 밀가루와 물을 담고 거품기로 저어 가며 풀을 쑨다. 밀가루풀이 식으면 고추, 마늘과 함께 믹서에 넣어 2분 정도 간 다음 생수를 섞고 소금과 아스파탐으로 간을 맞춘다.
4 김치 용기에 열무와 얼갈이배추, 양파채를 담고 **3**을 붓는다. 반나절 정도 익혀 냉장고에 넣는다.

Plus Menu

1400kcal & 1800kcal & 2000kcal 토요일 상차림

자신의 1일 필요 칼로리가 1600kcal가 아니라면, 1600kcal 식단에서 재료의 양이나 먹는 양 등을
자신의 칼로리에 맞춰 조절하면 된다.

1600kcal에서 1400kcal로 조절하려면

아침

저녁

간식

아침식사와 저녁식사, 간식은
그대로 먹는다.

 —

오징어불고기에 들어가는 오징
어 90g을 50g으로 줄인다.

점심

점심식사 때 우거지사골국
에서 쇠고기를 뺀다.

쑥쌀밥 210g(1공기)을 140g
(⅔공기)으로 줄인다.

1600kcal에서 1800kcal로 조절하려면

아침

점심

저녁

세끼 식사는 그대로 먹는다.

간식

+

+

간식으로 참외 120g(작은 것 ½개)
과 우유 또는 두유 200ml(1컵)를
더 먹는다.

1600kcal에서 2000kcal로 조절하려면

아침

+

아침식사 때 완두밥 140g(⅔
공기)을 210g(1공기)으로 늘
린다.

점심

+

점심식사 때 우거지사골국의
쇠고기 10g을 40g으로 늘
린다.

저녁

저녁식사는 그대로 먹는다.

간식

+

+

간식으로 참외 120g(작은 것 ½개)과 우유
또는 두유 200ml(1컵)를 더 먹는다.

■아침식사 때 밥을 더 먹지 않고, 대신 간식으로 도토리묵
200g(½모)을 먹어도 좋다.

총 열량 350kcal 단백질 18g 지방 8g 당질 54g

일요일 아침 | 부드럽게 넘어가는 덮밥으로 간편하게 먹는다

쇠고기덮밥

쌀밥 140g(⅓공기), 쇠고기(기름 없는 살코기) 40g, 양파·표고버섯·느타리버섯·팽이버섯 25g씩, 식용유 ½작은술, 소금·후춧가루 약간씩, 참기름 ½작은술
육수 쇠고기(기름 없는 살코기) 50g, 국간장 ½큰술, 물 1컵

1 냄비에 육수용 쇠고기를 담고 분량의 물을 부어 팔팔 끓인 뒤 고기를 건지고 국간장으로 간을 맞춘다.
2 다른 쇠고기는 먹기 좋은 크기로 저며 썬다.
3 양파는 굵게 채 썰고, 버섯은 같은 길이로 채 썰거나 저며 썬다.
4 달군 팬에 식용유를 두르고 쇠고기와 양파를 볶다가 버섯을 넣어 숨이 죽을 정도로 살짝 볶는다. 소금과 후춧가루로 간을 맞추고 참기름을 넣은 뒤 육수를 붓고 한소끔 더 끓인다.
5 밥을 그릇에 담고 **4**를 듬뿍 끼얹는다.

배추김치

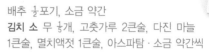

배추 ½포기, 소금 약간
김치 소 무 ½개, 고춧가루 2큰술, 다진 마늘 1큰술, 멸치액젓 1큰술, 아스파탐·소금 약간씩

■ 넉넉히 만들어 두고 약간씩 덜어 드세요.

1 배추를 포기째 준비해 소금을 뿌려 2시간 이상 절인 뒤 흐르는 물에 씻어 물기를 뺀다.
2 무를 채 썰어 소금을 뿌려 살짝 절인 뒤 물기를 짠다.
3 무채에 양념을 넣고 버무려 배춧잎 사이사이에 채운다. 반나절 이상 익혀 냉장고에 넣는다.

총 열량 540kcal 단백질 27g 지방 12g 당질 80g

일요일 점심 | 기름진 재료를 찜과 구이로 칼로리 낮춰 즐긴다

차조밥

쌀 70g, 차조 20g, 물 ⅓컵

1 쌀과 차조를 한데 섞어 깨끗하게 씻은 뒤 30분 정도
물에 담갔다가 건진다.
2 냄비에 쌀과 차조를 담고 분량의 물을 부어 센 불에
올려 밥을 짓는다.
3 밥물이 끓어오르면 위아래를 뒤섞은 뒤 불을 약하게
줄여 뜸을 들인다.

열무된장국

열무 50g, 된장 ½큰술, 다진 파·다진 마늘 ½작은
술씩, 굵은 멸치 10마리, 물 1컵

1 열무를 썰어 끓는 물에 데친 뒤 물기를 뺀다.
2 냄비에 내장을 뺀 멸치를 담고 분량의 물을 부어 팔
팔 끓이다가 멸치를 건지고 열무를 넣는다. 된장을 풀
어 넣고 한소끔 끓인 뒤 다진 파와 마늘로 맛을 낸다.

고추고기찜

붉은 고추 30g, 돼지고기(기름 없는 살코기) 20g,
두부 40g, 소금·후춧가루 약간씩, 간장 2작은술

1 고추는 꼭지를 자르고 길이로 반 잘라 씨를 턴다.
2 돼지고기를 곱게 다진 뒤 물기 뺀 두부를 넣어 고루
버무린다. 소금과 후춧가루로 간을 맞춘다.
3 반 가른 고추에 양념한 돼지고기를 채워 넣고 한김
오른 찜통에 넣어 찐다. 간장을 뿌려 맛을 낸다.

advice 돼지고기는 덩어리로 구입해 기름을 뗀 뒤 다진다. 갈아 놓은 돼지
고기를 사면 기름을 떼어 낼 수가 없어 동물성 지방의 섭취가 많아진다.

가자미구이

가자미 50g

가자미는 손질해 물기를 닦은 뒤 그릴에서 앞뒤로 타지
않게 굽는다.

부추오이무침

부추 30g, 오이 50g
무침 양념 고춧가루 1작은술, 다진 파·다진
마늘 ½작은술씩, 참기름 ½작은술, 소금 약간

1 부추는 적당히 썰고, 오이는 어슷하게 썬다.
2 부추와 오이를 무침 양념에 고루 무친다.

깍두기

무 1개, 소금 약간
양념 고춧가루 2큰술, 새우젓 2큰술, 다진 마
늘 1큰술, 아스파탐 약간

■ 넉넉히 만들어 두고 약간씩 덜어 드세요.

1 무를 깍둑썰기 해서 소금을 뿌려 1시간 이상 절인 뒤
체에 밭쳐 물기를 뺀다.
2 새우젓을 곱게 다져 나머지 양념과 섞은 뒤 절인 무
를 넣어 고루 버무린다.

간식은 이렇게…

키위 100g(큰 것 1개), 우유 200ml(1컵)
총 열량 165kcal
단백질 6g
지방 7g
당질 19g

일요일 저녁 | 혈당치 낮추는 팥밥으로 당질 대사를 돕는다

팥밥
쌀 70g, 팥 20g, 물 ⅘컵

1 쌀을 씻어 물에 담갔다가 건진다.
2 팥은 미리 물에 담가 불린 뒤 깨끗하게 씻어 터지지 않도록 애벌로 한 번 삶는다.
3 냄비에 쌀과 삶은 팥을 담고 분량의 물을 부어 밥을 짓는다. 밥물이 끓어오르면 위아래를 뒤섞은 뒤 불을 약하게 줄여 뜸을 들인다.

김치콩나물국
콩나물 40g, 김치 30g, 소금 약간, 다진 마늘 ⅓작은술, 물 1컵

1 콩나물은 깨끗하게 씻어 건지고, 김치는 소를 대충 털고 송송 썬다.
2 냄비에 콩나물과 김치를 담고 분량의 물을 부어 한소끔 끓인 뒤 소금과 다진 마늘로 간을 맞춘다.

쇠고기마늘종볶음
쇠고기(기름 없는 살코기) 40g, 마늘종 50g, 식용유 ⅓작은술, 소금·후춧가루 약간씩

1 쇠고기를 곱게 채 썬다.
2 마늘종을 쇠고기와 비슷한 길이로 썰어 끓는 물에 살짝 데친 뒤 물기를 뺀다.
3 달군 팬에 식용유를 두르고 쇠고기를 볶다가 마늘종을 넣어 섞는다. 소금과 후춧가루로 간을 맞춘다.

채소달걀말이
달걀 1개, 호박·양파 10g씩, 식용유 1작은술, 소금 약간

1 달걀을 곱게 푼 뒤 호박과 양파를 잘게 다져 넣고 소금으로 간을 맞춘다.
2 달군 팬에 식용유를 두르고 **1**을 넣어 달걀말이를 만든다. 달걀이 식으면 먹기 좋게 썬다.

고사리나물
고사리 70g, 식용유 ⅓작은술, 간장·국간장 ⅓작은술씩, 다진 파·다진 마늘 ⅓작은술씩

1 고사리는 삶은 것으로 준비해 먹기 좋게 썬다.
2 달군 팬에 식용유와 간장, 국간장을 넣고 고사리를 넣어 간이 배어들도록 볶는다. 여기에 다진 파와 마늘을 넣어 간을 맞춘다.

배추김치
배추 ⅓포기, 소금 약간
김치 소 무 ⅓개, 고춧가루 2큰술, 다진 마늘 1큰술, 멸치액젓 1큰술, 아스파탐·소금 약간씩

■ 넉넉히 만들어 두고 약간씩 덜어 드세요.

1 배추를 포기째 준비해 소금을 뿌려 2시간 이상 절인 뒤 흐르는 물에 씻어 물기를 뺀다.
2 무를 채 썰어 소금을 뿌려 살짝 절인 뒤 물기를 짠다.
3 무채에 양념을 넣고 버무려 배춧잎 사이사이에 채운다. 반나절 이상 익혀 냉장고에 넣는다.

Plus Menu

1400kcal & 1800kcal & 2000kcal 일요일 상차림

자신의 1일 필요 칼로리가 1600kcal가 아니라면, 1600kcal 식단에서 재료의 양이나 먹는 양 등을
자신의 칼로리에 맞춰 조절하면 된다.

1600kcal에서 1400kcal로 조절하려면

아침

저녁

간식

아침식사와 저녁식사, 간식은
그대로 먹는다.

점심식사 때 차조밥 210g(1공
기)을 140g($\frac{2}{3}$공기)으로 줄인다.

점심

반찬에서 고추고기찜을 뺀다.

92

1600kcal에서 1800kcal로 조절하려면

아침

점심

저녁

세끼 식사는 그대로 먹는다.

간식

간식으로 바나나 60g($\frac{1}{2}$개)과 우유
또는 두유 200ml(1컵)를 더 먹는다.

1600kcal에서 2000kcal로 조절하려면

아침

아침식사 때 쌀밥 140g($\frac{2}{3}$공
기)을 210g(1공기)으로 늘린다.

점심

점심식사는 그대로 먹는다.

저녁식사 때 쇠고기마늘종
볶음에 들어가는 쇠고기
40g을 80g으로 늘린다.

저녁

간식

간식으로 바나나 60g($\frac{1}{2}$개)과 우유 또는 두유
200ml(1컵)를 더 먹는다.

■ 아침식사 때 밥을 더 먹지 않고, 대신 간식으로 바게트 35g(3쪽)을
먹어도 좋다.

Food 2

간편한 한 그릇 식사
일품요리

비빔밥이나 국수 등 일품요리는 맛있고 간편해서 좋다.
하지만 자칫 칼로리가 높아지거나 영양이 한쪽으로 치우지기 쉽다.
일품요리를 만들 때는 채소 등을 많이 넣고 조리법에
신경을 써야 한다. 만들기 쉽고 맛도 좋은 일품요리로 입맛을 돋우자.

허브비빔밥 | 산뜻한 맛과 향이 입맛 없을 때 그만!

총 열량 460kcal | 단백질 21g 지방 7g 당질 75g

강낭콩밥 210g(1공기), 생채소(허브, 쑥갓, 달래, 치커리, 무순 등) 100g, 쇠고기(기름 없는 살코기) 40g, 달걀 20g, 식용유 1작은술
쇠고기 양념 다진 마늘 ⅓작은술, 참기름 ⅓작은술, 소금·후춧가루 약간씩
양념장 된장 2작은술, 다진 파·다진 마늘 1작은술씩, 다진 풋고추 2작은술, 참기름 ⅓작은술

1 생채소를 깨끗한 물에 살살 흔들어 씻어 물기를 뺀 뒤 먹기 좋게 채 썬다.

2 쇠고기를 곱게 다지거나 가늘게 채 썬다. 준비한 쇠고기 양념으로 조물조물 무쳐 잠시 재었다가 달군 팬에 볶는다.

3 달걀을 곱게 풀어 식용유 두른 팬에 붓고 지단을 부친 뒤 돌돌 말아 가늘게 채 썬다.

4 그릇에 밥을 담고 채소와 쇠고기, 지단채를 얹는다. 준비한 재료를 고루 섞어 만든 양념장을 곁들인다.

advice 비빔밥은 여러 가지 채소를 골고루 먹을 수 있어 좋다. 신선한 허브들을 넣은 비빔밥은 상큼한 맛이 좋아 식욕이 떨어졌을 때 먹으면 도움이 된다.

닭구이를 곁들인 녹차밥 녹차향과 함께 항산화 효과까지

총 열량 480kcal 단백질 25g 지방 9g 당질 75g

쌀 90g, 녹차 1큰술, 물 ⅔컵, 닭가슴살 80g, 양파·팽이버섯 20g씩, 대파 ⅓대, 식용유 1작은술
닭고기 양념 간장 2작은술, 다진 파·다진 마늘 1작은술씩, 맛술 ½작은술, 생강즙 ⅓작은술

1 쌀을 깨끗하게 씻어 30분 정도 불린다.
2 냄비에 불린 쌀과 녹차를 넣고 분량의 물을 부어 밥을 짓는다.
3 닭가슴살은 먹기 좋은 크기로 도톰하게 저며 앞뒤로 칼집을 넣는다. 간장과 다진 파, 다진
마늘, 맛술, 생강즙으로 양념해 잠시 잰다.
4 양파는 채 썰고, 팽이버섯은 밑동을 자른다. 대파는 어슷하게 저며 썬다.
5 달군 팬에 식용유를 두르고 양념에 잰 닭가슴살을 넣어 타지 않게 앞뒤로 굽다가 양파와
팽이버섯, 대파를 얹어 숨이 죽을 정도로만 살짝 익힌다.
6 그릇에 녹차밥을 담고 한쪽에 닭구이를 곁들인다.

advice 닭고기는 조리 전에 껍질과 기름을 떼어 내야 한다. 기름이 적은 닭가슴살 부위를 이용하면 편하다. 녹차는 지방을
분해하는 성분이 있어 당뇨병 치료에 도움이 된다.

마파두부덮밥 | 질 좋은 식물성 단백질을 충분히~

총 열량 550kcal 단백질 23g 지방 15g 당질 80g

밥 190g, 두부 80g, 돼지고기(기름 없는 살코기) 40g, 풋고추·붉은 고추 5g씩, 다진 파·다진 마늘 ⅓작은술씩, 두반장 2큰술, 생강즙 ½작은술, 간장 1작은술, 맛술 ½작은술, 녹말물 1작은술, 식용유 1½작은술, 육수 ½컵

1 두부는 흐르는 물에 씻어 작고 네모지게 썰고, 돼지고기는 곱게 다진다.

2 고추를 반으로 갈라 씨를 뺀 뒤 굵게 다진다.

3 달군 팬에 식용유를 약간만 두르고 두부를 애벌로 구워 낸다.

4 두부를 구워 낸 팬에 다진 돼지고기와 고추, 다진 파, 다진 마늘, 두반장, 생강즙을 넣어 달달 볶는다. 돼지고기가 익으면 육수를 붓고 한소끔 끓이다가 구운 두부와 간장, 맛술, 녹말물을 넣어 걸쭉하게 한 번 더 끓인다.

5 그릇에 따뜻한 밥을 담고 **4**의 마파두부를 끼얹는다. 청경채나 대파 등을 준비해 얹어도 좋다.

advice 두부의 식물성 단백질을 섭취하는 데 그만이다. 녹말을 많이 넣으면 당질 섭취량이 많아지므로 조금만 넣는다.

오므라이스 | 맛과 영양이 풍부한 밥요리

총 열량 520kcal 단백질 23g 지방 15g 당질 75g

밥 210g(1공기), 달걀 1개, 쇠고기(기름 없는 살코기) 40g, 양파·양송이버섯 20g씩, 피망 10g, 당근 5g, 식용유 1작은술, 소금·후춧가루 약간씩, 토마토 케첩·우스터 소스 ½큰술씩

1 쇠고기를 잘게 썬다.

2 양파와 양송이, 피망, 당근도 손질해 쇠고기와 비슷한 크기로 썬다.

3 달군 팬에 식용유를 조금 두르고 쇠고기를 넣어 소금과 후춧가루로 간하면서 볶다가 준비한 채소를 모두 넣어 볶는다.

4 **3**에 따뜻한 밥을 넣고 토마토 케첩을 뿌려 고루 섞으면서 간을 맞춘다.

5 달걀을 풀어 달군 팬에 식용유를 조금 두르고 동그랗게 지단을 부친다.

6 접시에 지단을 펼쳐 담고 **4**의 밥을 올린 뒤 지단으로 밥을 감싸 우스터 소스를 끼얹는다.

advice 밥을 다른 재료들과 함께 볶으면 식용유를 많이 쓰게 된다. 고기와 채소를 따로 볶은 뒤에 따뜻한 밥과 섞는 것이 좋다. 지방이 비교적 많은 음식이므로 다른 끼니에서 기름의 양을 줄인다.

콩국수 | 혈당 지수 낮고 식이섬유 풍부한 건강식

총 열량 510kcal 단백질 25g 지방 10g 당질 80g

소면 90g, 오이 20g, 당근 10g, 무순 약간
콩국물 대두 40g, 소금 약간, 물 1½컵

1 대두를 반나절 이상 물에 담가 불린 뒤 손바닥으로 비벼 가며 깨끗하게 씻어 헹군다. 냄비에 손질한 대두를 담고 분량의 물을 부어 푹 무르도록 삶는다.
2 삶은 대두와 대두 삶은 물을 믹서에 넣고 2분 정도 곱게 간 뒤 체에 한 번 내려 소금으로 간한다.
3 오이와 당근은 곱게 채 썰고, 무순은 씻어 물기를 뺀다.
4 소면은 끓는 물에 쫄깃하게 삶아 찬물에 헹궈 물기를 뺀다.
5 그릇에 삶은 국수를 담고 오이채와 당근채, 무순을 올린 뒤 그릇 가장자리로 콩국물을 붓는다. 콩국수는 차게 즐겨야 제 맛이 난다.

advice 대두는 혈당 지수가 낮은 대표 식품이다. 양질의 식물성 단백질과 식이섬유도 풍부해 당뇨병 환자에게 도움이 된다.

물냉면 | 맑은 육수로 깔끔하게 즐기는 면요리

총 열량 430kcal 단백질 22g 지방 6g 당질 70g

냉면 국수 110g, 달걀 $\frac{1}{2}$개, 무 50g, 오이 40g
육수 쇠고기(기름 없는 살코기) 40g, 국간장 1작은술, 소금 약간, 겨자 $\frac{1}{2}$작은술, 물 2컵
절임물 식초 2작은술, 아스파탐 약간

1 쇠고기를 덩어리로 준비해 냄비에 담고 물 2컵을 부어 팔팔 끓인다. 쇠고기가 다 익으면 건져서 편육처럼 얄팍하게 저며 썬다. 국물에 국간장과 소금, 겨자를 넣어 간을 맞춘 뒤 냉장고에 넣어 차게 식힌다.
2 무는 2×5cm 크기로 얇게 썰어 아스파탐과 식초를 섞은 절임물에 담가 둔다. 오이는 무와 비슷한 모양으로 썰거나 채 썬다. 달걀은 완숙으로 삶아 저며 썬다.
3 끓는 물에 냉면 국수를 넣고 쫄깃하게 삶아 건진 뒤 찬물에 담가 손바닥으로 비벼 가면서 씻어 건진다.
4 그릇에 냉면 국수를 담고 준비한 고명을 얹은 뒤 그릇 가장자리로 차게 준비한 육수를 붓는다.

advice 육수를 만들 때는 끓인 육수를 냉장고에 넣어 위에 뜨는 기름을 완전히 없앤다.

우동 | 시원한 국물과 해물의 깊은 맛

총 열량 470kcal 단백질 26g 지방 7g 당질 76g

우동 국수 110g, 중하 50g, 달걀 ½개, 유부 1장, 곤약 20g, 대파·쑥갓 10g씩, 국간장 ⅓큰술, 맛술 ⅓작은술, 소금·가다랑어포 약간씩
멸치 국물 굵은 멸치 5마리, 무 10g, 가다랑어포 ½줌, 물 1컵

1 우동 국수를 끓는 물에 살짝 데쳐 건진다.
2 중하를 연한 소금물에 살살 흔들어 씻어 물기를 뺀다.
3 달걀을 완숙으로 삶아 반 자른다.
4 유부와 곤약을 끓는 물에 데쳐, 유부는 채 썰고 곤약은 얇게 썰어 타래과 모양으로 꼰다.
5 대파는 어슷하게 썰고, 쑥갓은 씻어 물기를 뺀 뒤 작게 자른다.
6 냄비에 분량의 물을 담고 내장을 뗀 멸치와 큼직하게 썬 무를 넣어 한소끔 끓인다. 국물이 우러나면 멸치와 무를 건지고 가다랑어포를 넣었다가 2분 뒤 건져 낸다.
7 ⑥에 삶은 국수와 중하를 넣어 한소끔 더 끓인 뒤 국간장과 맛술로 간을 맞춘다. 유부와 곤약, 달걀, 대파, 쑥갓을 얹어 맛을 더하고 가다랑어포를 약간 뿌린다.

advice 국물을 낼 때 가다랑어포를 넣으면 감칠맛이 더해진다.

메밀비빔국수 | 입맛 살리는 매콤한 맛

총 열량 480kcal 단백질 24g 지방 11g 당질 71g

메밀국수(생면) 110g, 달걀 ½개, 닭고기(껍질 벗긴 살코기) 40g, 양배추 30g, 오이 20g, 당근·깻잎 10g씩,
쑥갓 약간
닭고기 양념 참기름 ⅓작은술, 청주 ½작은술, 소금 약간
양념장 고추장 1작은술, 고춧가루 ½작은술, 다진 파·다진 마늘 ⅓작은술씩, 생강즙 ⅓작은술, 참기름 ½작은술,
겨자 2작은술, 아스파탐 약간

1 달걀을 완숙으로 삶아 반 자른다.
2 닭고기를 채 썰어 양념에 버무린 뒤 달군 팬에 볶는다.
3 양배추와 오이, 당근을 깨끗하게 씻어 곱게 채 썬다. 깻잎도 씻어 돌돌 말아 곱게 채 썬다.
쑥갓은 씻어서 물기를 뺀다.
4 준비한 양념장 재료를 한데 섞는다.
5 끓는 물에 메밀국수를 넣어 1분 정도 삶아 건진 뒤 찬물에 헹궈 물기를 뺀다.
6 그릇에 삶은 메밀국수를 담고 준비한 채소와 닭고기, 달걀을 얹고 양념장을 끼얹는다.

advice 양념장을 만들 때 고추장을 많이 넣으면 염분 섭취량이 많아진다. 고추장은 조금만 넣고 고춧가루로 맛을 낸다. 단맛
을 내는 데는 아스파탐을 쓴다.

알밥 | 오도독오도독 씹히는 날치알이 별미

총 열량 450kcal 단백질 23g 지방 5g 당질 80g

밥 210g(1공기), 날치알 100g, 오이 15g, 당근 20g, 무순 10g, 김 약간
양념장 간장 1½작은술, 다진 마늘 ½작은술, 참기름 ½작은술, 통깨·소금 약간씩

1 날치알을 체에 밭쳐 흐르는 물에 살살 흔들어 짠맛을 씻어 낸다.
2 오이와 당근은 깨끗하게 씻어 곱게 채 썰고, 김은 파르스름하게 구워 곱게 부순다.
3 냄비에 밥을 담고 날치알을 얹어 약한 불에서 살짝 익힌다. 밥이 조금 눌기 시작하면 오이채, 당근채, 무순을 얹은 뒤 1분 정도 더 익힌다. 김가루를 솔솔 뿌려 향을 더한다.
4 준비한 양념장 재료를 한데 섞어 알밥에 곁들인다.

advice 알밥을 만들 때 돌솥을 쓰면 식용유 사용량이 많아지므로 주의해야 한다.

해물솥밥 | 담백하게 조리해 감칠맛을 살리는 것이 포인트

총 열량 440kcal 단백질 23g 지방 5g 당질 71g

쌀 80g, 굴 30g, 홍합 40g, 새우 30g, 낙지 30g, 은행 10g, 표고버섯 15g, 소금 약간
멸치다시마 국물 굵은 멸치 10마리, 다시마(5×5cm) 2장, 무 15g, 양파 20g, 물 2컵
양념장 간장 2작은술, 다시마 국물 2작은술, 다진 파·다진 마늘 1작은술씩, 참기름 ½작은술, 통깨·후춧가루 약간씩

1 쌀을 깨끗하게 씻어 물에 30분 정도 담갔다가 체에 밭쳐 물기를 뺀다.
2 굴과 홍합, 새우, 낙지를 연한 소금물에 담가 살살 흔들어 씻어 한입 크기로 썬다.
3 은행은 껍질 벗긴 것으로 준비하고, 표고버섯은 기둥을 자른 뒤 곱게 채 썬다.
4 냄비에 멸치다시마 국물 재료를 담아 6~7분 정도 팔팔 끓인 뒤 체에 걸러 국물만 받는다.
5 돌솥이나 냄비에 불린 쌀을 담고 해물과 은행, 표고버섯을 얹은 뒤 **4**의 국물을 ⅓컵 붓고 밥을 짓는다. 밥물이 끓어오르면 불을 약하게 줄이고 위아래를 뒤섞은 뒤 뜸을 들인다.
6 뜸을 들이는 동안 양념장을 만들어 해물솥밥과 함께 낸다.

advice 해물 특유의 감칠맛이 있어 양념장을 곁들이지 않아도 된다. 양념장을 곁들일 때는 염분 섭취가 많아지지 않도록 조금만 넣는다. 양념장을 만들 때는 물이나 다시마 국물을 넣어 짜지 않게 희석한다.

국수전골 | 푸짐한 요리로 심리적인 포만감을~

총 열량 500kcal 단백질 30g 지방 6g 당질 80g

시금치맛 국수 110g, 쇠고기(기름 없는 살코기) 80g, 배추 40g, 대파 10g, 양파 · 느타리버섯 · 팽이버섯 20g씩, 깻잎 · 쑥갓 5g씩
쇠고기 양념 다진 마늘 ⅓작은술, 참기름 ⅓작은술, 소금 · 후춧가루 약간씩
육수 쇠고기(기름 없는 살코기) 40g, 국간장 ½큰술, 다진 마늘 ½작은술, 소금 · 후춧가루 약간씩, 물 3컵
간장 소스 간장 1큰술, 식초 2작은술, 육수 2큰술, 레몬 슬라이스 ½조각

1 배추와 대파, 양파를 손질해 같은 길이로 굵게 채 썬다. 느타리버섯과 팽이버섯도 비슷한 길이로 썬다.
2 깻잎은 씻어 돌돌 말아 채 썰고, 쑥갓은 다른 채소와 같은 길이로 썬다.
3 쇠고기를 굵게 채 썰어 준비한 양념으로 무친다.
4 냄비에 육수용 쇠고기를 담고 분량의 물을 부어 팔팔 끓인 뒤 쇠고기는 건지고 국간장과 다진 마늘, 소금, 후춧가루로 간을 맞춘다. 삶은 고기는 다른 요리에 쓴다.
5 모든 재료가 준비되면 국수를 끓는 물에 쫄깃하게 삶아 찬물에 헹궈 물기를 뺀다.
6 넓은 냄비에 준비한 재료를 돌려 담고 육수를 냄비의 가장자리로 부어 끓인다. 건더기는 간장 소스를 만들어 찍어 먹는다.

advice 고기와 채소가 어우러진 국수전골은 푸짐한 느낌을 준다. 육수를 만들 때는 기름을 완전히 없앤다. 육수 대신 멸치 국물이나 다시마 국물을 써도 좋다.

떡만두국 | 기름 없는 살코기로 담백하게~

총 열량 500kcal 단백질 20g 지방 13g 당질 75g

가래떡 100g, 쇠고기(기름 없는 살코기) 30g, 대파 15g, 참기름 ½작은술, 소금 약간, 국간장 2작은술, 물 2컵
만두피 밀가루 30g, 물 1½큰술
만두소 돼지고기(기름 없는 살코기) 40g, 두부 20g, 숙주·부추·양파 10g씩, 참기름 ½작은술, 소금·후춧가루 약간씩

1 밀가루에 물 1½큰술을 넣어 되직하게 반죽한 뒤 비닐봉지에 담고 30분 정도 그대로 둔다.
2 만두소에 넣을 돼지고기는 곱게 다지고, 두부는 면보자기에 싸서 물기를 짜면서 으깬다. 숙주와 부추는 끓는 물에 살짝 데쳐 곱게 다진다. 양파도 곱게 다진다.
3 달군 팬에 참기름을 조금 두르고 **2**의 재료를 볶다가 소금과 후춧가루로 간을 맞춘다.
4 **1**의 반죽을 밀어 만두피를 만든 뒤 준비한 만두소를 넣어 만두를 빚는다.
5 쇠고기를 덩어리로 준비해 냄비에 담고 물 2컵을 부어 한소끔 끓인다. 국물이 우러나면 쇠고기를 건져 낸다. 삶은 쇠고기는 곱게 채 썰어 참기름과 소금으로 간한다.
6 **5**의 국물을 한소끔 끓인 뒤 만두와 불린 가래떡을 넣어 끓이다가 국간장으로 간을 맞춘다. 그릇에 떡만두국을 담고 양념한 쇠고기와 송송 썬 대파를 얹는다.

advice 국물과 만두소에 모두 고기가 들어가는 음식이다. 고기의 기름을 완전히 없애 지방을 지나치게 섭취하지 않도록 주의한다.

봉골레스파게티 | 조개의 담백한 맛과 마늘향이 일품

총 열량 530kcal 단백질 30g 지방 12g 당질 75g

스파게티 90g, 모시조개 140g, 마늘 2쪽, 다진 파슬리 약간, 올리브오일 2작은술, 백포도주 2큰술, 소금·후춧가루 약간씩, 물 1컵

1 스파게티를 팔팔 끓는 소금물에 7분 정도 삶아 체에 건진다.
2 모시조개를 손바닥으로 비벼 씻은 뒤 냄비에 담고 물 1컵을 부어 입이 벌어질 때까지 삶는다. 삶은 모시조개는 건져 생수로 살짝 헹구고, 조개 삶은 국물은 ½컵 정도 따로 받아 놓는다.
3 마늘을 저며 썰어 달군 팬에 올리브오일을 두르고 달달 볶는다.
4 올리브오일에 마늘향이 배어들면 모시조개를 넣고 백포도주를 뿌려 센 불에서 끓인다. 여기에 삶은 스파게티를 넣어 고루 섞은 뒤 조개 삶은 국물을 넣고 소금과 후춧가루로 간을 맞춘다. 마른 고추를 조금 넣어 매콤한 맛을 더해도 좋다.
5 접시에 스파게티를 담고 다진 파슬리를 뿌린다.

advice 올리브오일은 다른 기름에 비해 혈중 콜레스테롤과 중성 지방 수치를 조절하는 데 도움이 된다. 하지만 많이 먹으면 전체 칼로리 섭취량이 많아지므로 주의해야 한다.

클럽샌드위치 | 그릴에 구운 닭고기로 만들어 담백한 맛

총 열량 500kcal 단백질 25g 지방 20g 당질 55g

식빵 3장, 닭가슴살(껍질 벗긴 살코기) 80g, 양상추·토마토 30g씩, 치커리 10g, 양파 20g, 달지 않은 오이피클 10g, 마요네즈·머스터드 소스 2작은술씩
닭고기 양념 양파즙 1큰술, 소금·후춧가루 약간씩

1 식빵을 토스터나 달군 팬에 노르스름하게 굽는다.
2 닭가슴살을 큼직하게 저며 썬 뒤 준비한 양념에 재었다가 그릴에 굽는다.
3 양상추와 치커리는 씻어 물기를 턴다. 토마토와 양파는 링 모양으로 썰고, 오이피클은 길쭉하게 저며 썬다. 준비한 채소를 종이타월 위에 올려 물기를 완전히 뺀다.
4 식빵에 마요네즈를 바른 뒤 재료를 적당히 나눠 얹고 머스터드 소스를 뿌려 3단 샌드위치를 만든다. 완성한 샌드위치를 먹기 좋은 크기로 잘라 접시에 담는다.

advice 닭고기는 껍질과 기름을 완전히 떼어 낸 뒤 조리한다. 닭고기를 구울 때 식용유가 필요없는 그릴에 구우면 좋다.

Food 3

혈당 유지에 도움이 되는

저칼로리 반찬

당뇨병 환자의 음식은 담백한 것이 특징이다.
자극적인 음식은 혈당 유지를 방해하기 때문이다. 깔끔하고 칼로리가
낮은 채소군 반찬과 단백질 등의 영양을 섭취할 수 있는
어육류군 반찬을 소개한다. 매일매일 밥상에 골고루 올리면
혈당 유지에 도움이 된다.

콩나물잡채 | 살짝 익혀 아삭한 맛을 살리는 게 비결

콩나물 30g, 피망 20g, 붉은 피망 10g, 표고버섯·오이 15g씩, 올리브오일 ½작은술, 소금 약간

1 콩나물을 씻어 냄비에 담고 한김 오르도록 살짝 찐다.

2 피망과 붉은 피망, 오이는 3~4cm 길이로 채 썬다. 표고버섯은 기둥을 자르고 채 썬다.

3 달군 팬에 올리브오일을 두르고 피망과 버섯, 오이를 넣어 살캉거릴 정도로 볶다가 콩나물을 넣어 살짝 볶는다. 소금으로 간을 맞춘다.

advice 콩나물은 머리 부분에 영양이 듬뿍 들어 있다. 콩나물 머리를 떼지 않고 조리하고 식용유는 조금만 둘러 담백한 맛을 살린다.

55kcal

곤약잡채 | 쫄깃쫄깃 씹는 맛이 좋은 저칼로리 반찬

곤약 100g, 양파 15g, 오이 10g, 당근 5g, 마른 표고버섯 2g, 식용유 ⅓작은술, 간장 ⅓작은술

1 곤약을 끓는 물에 살짝 데쳐 곱게 채 썬다.
2 양파와 오이, 당근을 손질해 곤약과 비슷한 길이로 채 썬다.
3 마른 표고버섯을 미지근한 물에 불려 물기를 꽉 짠 다음 곱게 채 썬다.
4 달군 팬에 식용유를 두르고 채소와 버섯을 넣어 볶다가 곤약을 넣어 섞는다. 간장으로 약하게 간을 맞춘다.

advice 곤약을 살짝 데쳐 채 썬 다음 간장을 약간 뿌려 조려 두었다가 나중에 다른 재료와 섞어도 좋다. 그러면 식용유를 덜 쓸 수 있다.

50kcal

해초레몬무침 | 상큼한 맛 즐기고 미네랄을 충분히~

샐러드용 해초 100g, 레몬 슬라이스 2조각
무침 양념 식초 2작은술, 사과즙 1큰술, 참기름 $\frac{1}{3}$작은술, 통깨·소금·아스파탐 약간씩

1 샐러드용 해초를 먹기 좋게 썬다.
2 준비한 무침 양념 재료를 한데 담아 고루 섞은 뒤 해초에 넣어 버무린다.
3 접시에 양념한 해초를 담고 레몬 슬라이스를 적당한 크기로 썰어 곁들인다.

advice 해초는 비타민과 미네랄이 풍부해 당뇨병 환자에게 좋은 식품이다. 해초를 무칠 때는 간을 약하게 해서 자극적이지 않도록 조리하고 레몬으로 상큼한 맛을 더한다.

25kcal

우무무침 | 칼로리는 낮고 포만감은 크고~

우무 80g, 오이 20g, 풋고추·붉은 고추 2g씩, 김 약간
양념장 간장 1작은술, 다진 파·다진 마늘 ½작은술씩, 참기름 ½작은술, 통깨·아스파탐 약간씩

1 우무는 곱게 채 썬 것으로 준비하고, 오이는 소금으로 껍질을 문질러 씻어 곱게 채 썬다.
고추도 씻어 채 썰고, 김은 파르스름하게 구워 잘게 부순다.
2 준비한 양념장 재료를 한데 담아 고루 섞는다.
3 우무와 오이채, 고추채를 서로 어우러지게 섞은 뒤 양념장을 끼얹고 김가루를 뿌린다.

advice 우무는 칼로리가 낮고 포만감을 줄 수 있어 당뇨병 환자가 배고픔을 느낄 때 먹으면 좋다. 단, 양념장을 지나치게 넣으면 염분 섭취량이 많아질 수 있으므로 주의한다.

25kcal

오이초선 | 오이의 아삭한 맛이 그만!

오이 100g, 당근 15g, 표고버섯 20g, 식초 2작은술, 아스파탐 · 소금 약간씩

1 오이를 반달 모양으로 도톰하게 썬 뒤 껍질 쪽에 칼집을 두 군데 넣고 소금을 뿌려 살짝 절인다.

2 당근과 표고버섯을 곱게 채 썰어 각각 달군 팬에 식용유 없이 살짝 볶는다.

3 절인 오이에 식초와 아스파탐을 뿌려 새콤달콤한 맛을 더한 뒤 볶은 당근과 표고버섯채를 칼집 넣은 곳에 채워 넣는다.

advice 오이는 칼로리가 적어 배고플 때 먹기 적당하다. 다른 채소와 버섯 등을 넣어 색다르게 조리해 먹으면 포만감을 더할 수 있다.

20kcal

무쌈 | 돌돌 말아 한입 먹으면 갈증이 싹~

무 50g, 오이 20g, 당근 10g, 표고버섯 10g, 식용유 ⅓작은술
겨자 소스 겨자가루 1작은술, 식초 1작은술, 아스파탐 · 소금 약간씩

1 무를 동그랗고 얄팍하게 썬 뒤 준비한 겨자 소스에 담가 30분 정도 절인다.
2 오이와 당근, 표고버섯을 곱게 채 썰어 식용유를 두른 팬에 따로따로 볶는다.
3 절인 무에 오이와 당근, 표고버섯채를 가지런히 얹어 돌돌 만다.

advice 무는 갈증을 푸는 효능이 뛰어나다. 아삭한 맛이 산뜻한 무쌈은 갈증이 날 때 먹으면 좋다.

40kcal

천사채무침 | 신선하고 깔끔한 다이어트식

천사채 100g, 오이 20g, 당근 10g
무침 양념 간장 1작은술, 레몬즙 1큰술, 다진 마늘 ⅓작은술, 참기름 ⅓작은술, 통깨 약간

1 천사채를 체에 담아 흐르는 물에 씻어 물기를 뺀 뒤 먹기 좋게 자른다.
2 오이와 당근을 씻어 곱게 채 썬다.
3 준비한 무침 양념 재료를 고루 섞은 뒤 천사채와 채소를 넣어 간이 배도록 버무린다.

advice 아삭아삭 신선하게 씹히는 맛이 좋다. 칼로리가 낮고 맛이 담백해 다이어트식으로 그만이다.

20kcal

물미역미나리강회 | 채소와 해초가 어우러진 신선한 맛

물미역 100g, 미나리 15g, 무순 10g
초고추장 고추장 ⅓큰술, 식초 2작은술, 다진 마늘 ⅓작은술, 통깨 약간

1 물미역을 끓는 물에 데쳐 찬물에 헹군 뒤 손바닥만한 크기로 네모지게 썬다.
2 미나리는 잎을 대충 훑어 내고 끓는 물에 데친 뒤 찬물에 헹궈 물기를 뺀다. 무순도 씻어
가지런하게 준비한다.
3 미역에 무순을 넣어 돌돌 만 뒤 미나리로 묶어 접시에 담는다. 여기에 준비한 초고추장을
끼얹거나 곁들인다.

advice 미역은 칼로리가 낮으면서 미네랄이 풍부해 당뇨병 환자가 먹으면 좋다.

25kcal

70kcal

버섯샐러드 | 몸에 좋은 여러 가지 버섯을 한 접시에~

느타리버섯 30g, 팽이버섯·양송이버섯 40g씩, 양상추 30g, 알팔파 5g, 올리브오일 ½작은술
발사믹 드레싱 발사믹 식초 2작은술, 다진 양파 2작은술, 소금·후춧가루 약간씩

1 버섯을 한입 크기로 썬 뒤 달군 팬에 올리브오일을 두르고 앞뒤로 살짝 굽는다.
2 양상추는 잎을 적당한 크기로 뜯어 맑은 물에 헹구고, 알팔파도 씻어 물기를 뺀다.
3 드레싱 재료를 한데 담아 고루 섞는다.
4 그릇에 양상추를 깔고 구운 버섯과 알팔파를 담은 뒤 드레싱을 끼얹는다.

advice 버섯은 칼로리가 적고 건강에 두루 유익한 식품이다. 드레싱에 올리브오일을 넣지 않아도 상큼한 맛을 즐길 수 있다.

30kcal

죽순채소조림 | 아삭아삭~ 색다른 맛의 반찬

통조림 죽순 70g, 표고버섯 20g, 피망 · 당근 10g씩, 마늘 2쪽
조림장 간장 1작은술, 맛술 ⅓작은술, 다진 마늘 ¼작은술, 소금 약간, 물 ½컵

1 죽순을 끓는 물에 데쳐 흐르는 물에 깨끗하게 씻은 뒤 모양을 살려 저며 썬다.
2 표고버섯은 기둥을 자른 뒤 반으로 자르고, 피망과 당근은 네모지게 썬다. 마늘은 도톰하게 저민다.
3 조림장 재료를 냄비에 담고 한소끔 끓이다가 먼저 죽순과 버섯을 넣어 끓인다. 여기에 피망과 당근, 마늘을 넣어 숨이 살짝 죽을 정도로만 조린다.

advice 죽순을 조리할 때는 끓는 물에 한 번 데쳐 내야 맛이 깔끔하다.

해물볶음 | 굴소스를 넣어 감칠맛 나는 반찬

총 열량 130kcal 단백질 21g 지방 3g 당질 4g

마른 해삼 15g, 칵테일 새우 50g, 갑오징어 25g, 양파 20g, 피망·붉은 피망 10g씩, 다진 파·다진 마늘 ½작은술씩, 굴소스 2작은술, 올리브오일 1작은술, 소금 약간

1 마른 해삼을 반나절 이상 물에 담가 불린다. 냄비에 불린 해삼을 담고 물을 자작하게 부어 부드러워질 때까지 삶은 뒤 얄팍하게 저며 썬다.
2 새우는 소금물에 살살 흔들어 씻고, 갑오징어는 칼집을 넣은 뒤 한입 크기로 썬다.
3 양파와 피망은 손질해 굵게 채 썬다.
4 달군 팬에 올리브오일을 두르고 준비한 해물을 넣어 볶다가 양파와 피망, 다진 파, 다진 마늘을 넣는다. 여기에 굴소스를 넣어 감칠맛을 더하고 모자라는 간은 소금으로 맞춘다.

advice 중국 요리에 두루 쓰이는 굴소스에는 염분이 많이 들어 있다. 지나치게 많이 넣지 않도록 사용량에 신경을 써야 한다.

황태찜 | 양질의 단백질이 풍부한 밑반찬

총 열량 130kcal 단백질 24g 지방 2g 당질 3g

황태 30g, 올리브오일 1작은술, 물 ¼컵
찜 양념 간장 1큰술, 다진 파 2작은술, 다진 마늘 1작은술, 고춧가루 ½작은술

1 황태를 물에 담가 부드럽게 불린 뒤 먹기 좋은 크기로 자른다.
2 준비한 찜 양념 재료를 한데 섞는다.
3 달군 팬에 올리브오일을 조금 두르고 황태를 넣은 뒤 찜 양념을 끼얹고 분량의 물을 부어 국물이 거의 졸아들 때까지 푹 찐다.

advice 명태를 말린 황태는 다른 생선에 비해 지방이 적고 질 좋은 단백질이 풍부하다. 황태찜은 짜지 않으면서 오래 보관할 수도 있어 밑반찬으로 좋다.

오징어무조림 │ 채소를 넉넉히 넣어 시원하게~

총 열량 110kcal 단백질 18g 지방 2g 당질 4g

오징어 100g, 무 70g, 청경채 1포기, 붉은 고추 ½개, 간장 2작은술, 아스파탐 약간, 물 ½컵

1 오징어는 껍질을 벗겨 손질한 뒤 칼집을 넣어 한입 크기로 썰고, 무도 같은 크기로 썬다.
2 청경채는 반으로 잘라 살짝 데치고, 붉은 고추는 씨를 빼고 채 썬다.
3 냄비에 분량의 물과 간장을 담고 무를 넣어 한소끔 끓이다가 오징어를 넣어 간이 배어들도록 조린다. 청경채와 고추채를 넣고 마지막에 아스파탐을 넣어 단맛을 더한다.

advice 오징어는 콜레스테롤이 많기 때문에 동물성 식품보다 식물성 식품과 함께 조리해 먹는 것이 좋다.

낙지숙회 | 담백한 해물에 레몬향이 상큼~

총 열량 125kcal 단백질 23g 지방 1g 당질 4g

낙지 200g, 미나리 30g, 무순 10g, 레몬 슬라이스 2조각, 소금 약간
레몬초고추장 고추장 1큰술, 레몬즙 2작은술, 다진 마늘 ½작은술, 통깨 약간

1 낙지를 끓는 물에 소금을 조금 넣고 쫄깃하게 데친 뒤 2~3cm 길이로 자른다.
2 미나리는 잎을 대충 훑어 내어 끓는 물에 데치고, 무순은 씻어 물기를 턴다.
3 접시에 낙지와 미나리, 무순, 레몬을 담고 레몬초고추장을 만들어 끼얹는다.

advice 레몬즙으로 맛을 낸 초고추장은 해물과 잘 어울린다.

고등어된장구이 | 몸에 좋은 지방산이 풍부한 등푸른생선

총 열량 182kcal 단백질 20g 지방 11g 당질 1g

고등어 100g, 된장 2작은술, 마른 고추 1개, 청양고추 ½개
고등어 양념 다진 파·다진 마늘 1작은술씩, 생강 ½쪽, 청주 ½작은술, 레몬즙 1큰술

1 고등어를 손질해 등뼈를 중심으로 반 가른 뒤 어슷하게 저며 썬다. 준비한 양념을 뿌려 잠시 잰다.

2 마른 고추와 청양고추를 송송 썰어 된장에 넣고 고루 섞는다.

3 고등어에 **2**를 듬뿍 바른 뒤 달군 팬에 식용유를 두르지 않고 앞뒤로 뒤집어 가며 굽는다.

advice 등푸른생선은 EPA와 DHA 등의 오메가3 지방산이 풍부해 심혈관계 질환을 예방하는 데 도움이 된다. 일주일에 두 세 번 정도 등푸른생선을 넣어 식단을 짠다.

꽁치대파구이 | 지방 많은 생선에 파 곁들여 소화 촉진

총 열량 180kcal 단백질 20g 지방 10g

꽁치 100g, 대파 20g, 생강 ½쪽, 소금 약간

1 꽁치를 싱싱한 것으로 준비해 머리를 잘라 내고 배를 갈라 내장을 뺀다. 등뼈를 중심으로 펼쳐 뼈를 발라 낸다.
2 손질한 꽁치를 흐르는 물에 씻어 물기를 뺀 뒤 소금을 뿌려 밑간 하고 4등분한다.
3 대파는 4cm 길이로 잘라 곱게 채 썰고, 생강은 껍질을 벗겨 강판에 간다.
4 꽁치에 대파채를 넣고 돌돌 말아 생강즙을 뿌린 뒤 달군 팬에 식용유를 두르지 않고 타지 않게 굽는다.

advice 파는 소화를 돕는 작용을 한다. 등푸른생선과 함께 먹으면 생선 냄새도 덜 나고 소화를 돕는다.

섭산적 | 고기는 살코기로, 양념은 담백하게~

총 열량 150kcal 단백질 17g 지방 9g 당질 1g

쇠고기(기름 없는 살코기) 80g, 잣 적당량, 식용유 약간
쇠고기 양념 간장 2작은술, 양파즙 ½큰술, 다진 파·다진 마늘 ½작은술씩, 후춧가루 약간

1 쇠고기를 곱게 다져 준비한 양념을 넣고 여러 번 치대면서 섞는다.
2 반죽한 쇠고기를 한입 크기로 동글납작하게 빚은 뒤 잣을 모양 있게 박는다.
3 달군 팬에 식용유를 두르고 **2**를 넣어 앞뒤로 뒤집어 가며 타지 않게 굽는다.

advice 잣은 고소한 맛을 더하지만 칼로리가 높다. 고명으로 사용할 경우에는 조금만 부수어 넣는다.

닭산적 | 쫄깃한 닭다리에 버섯과 채소를~

총 열량 180kcal 단백질 19g 지방 9g 당질 6g

닭다리살(껍질 벗긴 살코기) 80g, 새송이버섯 20g, 당근·쪽파 15g씩, 도라지 10g, 다진 파슬리 약간
양념장 간장 2작은술, 다진 파·다진 마늘 1작은술씩, 맛술 ½작은술, 참기름 ½작은술, 통깨 약간

1 닭다리살을 펼쳐서 군데군데 칼집을 넣은 뒤 1cm 폭으로 썬다.
2 새송이버섯과 당근, 쪽파, 도라지를 손질해 닭다리살과 비슷한 크기로 썬다.
3 꼬치에 준비한 재료를 번갈아 꿴다.
4 달군 팬에 **3**을 넣고 준비한 양념장을 끼얹어 가며 앞뒤로 타지 않게 굽는다. 접시에 닭산적을 담고 다진 파슬리를 뿌린다.

advice 닭다리살은 쫄깃해서 어느 요리에나 잘 어울린다. 구울 때는 식용유 없이 굽고 양념장에 넣는 참기름도 향을 더하는 정도로만 살짝 넣는다.

쇠고기우엉조림 | 넉넉히 만들어 두면 밑반찬으로 그만~

총 열량 185kcal 단백질 19g 지방 5g 당질 12g

쇠고기(기름 없는 살코기) 80g, 우엉 70g, 껍질콩 10g, 대파 5g, 붉은 고추 ½개
조림장 간장 2작은술, 맛술 1작은술, 물 ½컵

1 쇠고기를 나무젓가락보다 조금 가늘게 채 썬다.
2 우엉을 쇠고기와 비슷한 크기로 썰어 끓는 물에 애벌로 삶아 건진다.
3 껍질콩과 대파, 붉은 고추도 쇠고기와 비슷한 길이로 썬다.
4 냄비에 조림장 재료를 넣어 한소끔 끓인 뒤 쇠고기와 우엉을 넣어 국물이 자작하게 졸아
들 때까지 조린다. 너무 까매지지 않도록 간장의 양을 조절한다. 여기에 껍질콩, 대파, 고추
를 넣어 맛을 더한다.

advice 쇠고기를 조리하기 전에 칼집을 내거나 고기망치로 두드려 배즙, 파인애플즙, 키위즙 등에 재면 부드러운 맛을 낼 수
있다. 단, 시간이 많이 지나면 너무 연해져 고기 특유의 맛을 내지 못하므로 주의한다.

쇠고기배추찜 | 담백한 채소로 영양을 보완

총 열량 150kcal 단백질 19g 지방 6g 당질 5g

쇠고기(기름 없는 살코기) 80g, 배추 120g, 간장 2작은술
쇠고기 양념 양파 20g, 다진 파 · 다진 마늘 $\frac{1}{2}$작은술씩, 참기름 $\frac{1}{2}$작은술, 소금 · 후춧가루 약간씩

1 쇠고기를 곱게 다진다.
2 배추는 푸른 잎을 준비해 끓는 물에 살짝 데친 뒤 찬물에 헹궈 물기를 뺀다.
3 양파를 곱게 다져 나머지 쇠고기 양념 재료와 섞은 뒤 쇠고기에 넣고 고루 버무린다.
4 배춧잎에 양념한 쇠고기를 적당히 덜어 넣고 감싼 뒤 한김 오른 찜통에 넣어 10분 정도
충분히 찐다. 그릇에 쇠고기배추찜을 담고 간장을 끼얹어 맛을 낸다.

advice 배추는 비타민과 식이섬유가 많고 소화를 돕는 식품으로 고기와 함께 먹으면 영양이 보완된다. 고기를 곱게 다져서
푹 찌면 나이 든 사람도 먹기 좋다.

두부샌드위치 | 동물성과 식물성 단백질의 영양 조화

총 열량 135kcal 단백질 17g 지방 5g 당질 5g

두부 80g, 쇠고기(기름 없는 살코기) 40g
쇠고기 양념 다진 파 · 다진 마늘 ⅓작은술씩, 간장 2작은술, 소금 · 후춧가루 약간씩

1 두부를 흐르는 물에 씻어 물기를 뺀다. 사방 3~4cm 크기의 정육면체로 자른 뒤 칼을 뉘어 가운데 부분에 가로로 칼집을 넣는다.
2 쇠고기를 곱게 다져 양념한다.
3 두부의 칼집 넣은 부분에 양념한 쇠고기를 적당히 덜어 넣은 뒤 한김 오른 찜통에 넣고 푹 찐다.
4 간이 다 되어 있어 그대로 먹어도 되고, 간장을 조금 뿌려 먹어도 된다.

advice 식물성 단백질인 두부와 동물성 단백질인 쇠고기를 함께 조리해 영양의 조화를 이룬다. 찜요리는 식용유를 쓰지 않아 칼로리를 낮추는 장점이 있다.

두부냉채 | 차게 즐기는 식물성 고기 반찬

총 열량 180kcal 단백질 14g 지방 11g 당질 6g

두부 80g, 달걀 1개, 오이 30g, 소금 약간, 식용유 $\frac{1}{2}$작은술
겨자마늘 소스 겨자 1큰술, 다진 마늘 $\frac{1}{2}$작은술, 다진 비트 $\frac{1}{2}$작은술, 식초 $\frac{1}{2}$큰술, 아스파탐·소금 약간씩

1 두부를 흐르는 물에 씻어 물기를 닦은 뒤 0.5cm 두께로 도톰하게 저며 소금을 살짝 뿌린
다. 식용유를 두르지 않은 팬에 두부를 넣고 타지 않게 뒤집어 가며 구워 길쭉하게 썬다.
2 달걀을 노른자와 흰자로 나눠 곱게 푼 뒤 소금으로 약하게 간을 맞춘다. 달군 팬에 식용유
를 조금 두르고 각각 지단을 부쳐 두부와 비슷한 크기로 썬다.
3 오이를 씻어 적당한 길이로 채 썬다.
4 준비한 겨자마늘 소스 재료를 한데 담아 고루 섞는다.
5 접시에 두부와 지단채, 오이채 등을 돌려 담고 소스를 듬뿍 끼얹는다.

advice 두부는 지방이 적고 혈당 지수가 낮아 당뇨병 환자에게 좋은 식품이다. 소스는 설탕 대신 아스파탐으로 단맛을 낸다.

돼지고기꽈리고추조림 | 비타민이 풍부한 고추와 함께~

총 열량 170kcal 단백질 19g 지방 9g 당질 2g

돼지고기(기름 없는 살코기) 80g, 꽈리고추 30g
조림장 간장 2작은술, 마늘 1쪽, 참기름 ⅓작은술, 물 ⅓컵

1 냄비에 돼지고기를 담고 물을 부어 푹 무르도록 삶은 뒤 한입 크기로 저며 썬다.
2 꽈리고추는 꼭지를 떼고 길이가 긴 것은 반으로 자른다. 마늘은 저민다.
3 냄비에 저민 마늘과 나머지 조림장 재료를 담아 한소끔 끓이다가 돼지고기를 먼저 넣고 간장맛이 배어들도록 조린다. 여기에 꽈리고추를 넣어 맛을 낸다.

advice 돼지고기는 기름이 많아 당뇨병 환자에게 맞지 않는다고 여기기 쉽다. 하지만 기름이 적은 부위를 사용하고 조리법에 신경 쓰면 칼로리 걱정 없이 먹을 수 있다.

닭고기데리야키구이 | 소스 맛이 색다른 일본식 구이 요리

총 열량 160kcal 단백질 19g 지방 7g 당질 5g

닭고기(껍질 벗긴 살코기) 80g, 토마토 30g, 소금·후춧가루 약간씩
데리야키 소스 양파 ⅓개, 대파 ⅓대, 마늘 2쪽, 마른 고추 ½개, 다진 마늘 ⅓작은술, 간장 2큰술, 참기름 ⅓작은술, 아스파탐·소금·후춧가루 약간씩, 물 ⅓컵

1 닭고기에 소금과 후춧가루를 뿌려 밑간 한다.
2 토마토를 반달 모양으로 얇게 썬다.
3 소스 재료 중 양파는 채 썰고, 마른 고추는 어슷하게 썬다.
4 아스파탐을 뺀 소스 재료를 냄비에 담고 국물이 반으로 졸아들 때까지 끓인다.
5 █에 닭고기를 넣어 조리듯이 구운 뒤 아스파탐을 넣어 섞는다.
6 접시에 토마토를 깔고 구운 닭고기를 얹은 뒤 남은 소스를 끼얹는다.

advice 닭고기는 다른 고기에 비해 기름이 많지 않은데다 기름이 껍질 밑에 모여 있기 때문에 떼기도 쉽다. 조리할 때는 반드시 눈에 보이는 기름을 제거한다.

Part 03

집에서 식단을 짜려면?

식이요법을 효과적으로 하려면 식단을 잘 짜야 한다.
당뇨병 환자의 식단을 짜는 일은 전문가들이나 하는 일이라고
생각하기 쉽지만 원칙만 안다면 누구라도
어렵지 않게 짤 수 있다. 포인트는 자신의 섭취 칼로리를 알고 그 안에서
식품을 골고루 먹는 것이다. 내게 맞는 식단을 쉽게 짤 수 있는
기본 요령을 알아본다.

내게 필요한 1일 칼로리 & 식단 짜는 요령

식이요법은 칼로리를 기준으로 한다. 하루 총 칼로리는 환자에 따라 달라지기 때문에 자신에게 알맞은 칼로리를 구해야 한다. 총 칼로리 안에서 식품을 균형 있게 배분해 식단을 짜야 식이요법에 성공할 수 있다.

먹은 것을 꼼꼼히 노트에!
식사 내용을 적어 두면 다음 식사 때 참고할 수 있어 큰 도움이 된다. 특히 간식에 대해서는 신경을 쓰지 못해 칼로리를 초과하는 경우가 많이 있는데, 식사뿐 아니라 간식까지 꼼꼼하게 적는 습관을 들이면 이를 예방할 수 있다.

step 1 나에게 필요한 하루 칼로리를 구한다

식이요법에서 가장 먼저 체크해야 하는 것은 자신의 1일 필요 칼로리를 아는 것이다. 사람마다 체중이나 활동량 등이 다르기 때문에 필요한 칼로리도 각각 다르다. 따라서 자신에게 필요한 칼로리를 알려면 먼저 자신의 체중이 어떠한지, 그리고 활동 정도가 어느 정도인지 평가해 보아야 한다. 체중이 적절한지는 표준 체중과 현재 체중을 비교해 보면 알 수 있다.

나의 표준 체중은…

표준 체중은 다음과 같이 계산한다.

키 150cm 미만 표준 체중(kg)=키(cm)-100
키 150~160cm 미만 표준 체중(kg)={키(cm)-150}÷2+50
키 160cm 이상 표준 체중(kg)={키(cm)-100}×0.9

$$비만도(\%)= \frac{현재\ 체중}{표준\ 체중} \times 100$$

비만도 90% 미만	저체중
비만도 90% 이상 ~ 110% 미만	정상
비만도 110% 이상 ~ 120% 미만	과체중
비만도 120% 이상	비만

나의 활동 정도는?

체중이 같더라도 사무직처럼 활동량이 적은 사람과 힘든 노동을 하는 사람은 아무래도 소비 칼로리에서 차이가 나므로 필요 칼로리가 다른 것은 당연하다. 또 같은 일을 해도 체중에 따라 소비되는 정도가 다르다. 활동 강도는 3단계로 구분할 수 있으며 각 단계별 체중 1kg당 필요 칼로리는 다음과 같다.

활동 강도에 따른 칼로리 필요량

활동 강도	직업	체중 1kg당 필요 칼로리
가벼운 활동	사무원	25~30kcal
중간 활동	제조업 직원, 판매사원, 교사, 학생 등	30~35kcal
힘든 활동	노동자, 농부, 운동선수 등	35~40kcal

■생활 활동량은 체중에 따라 차이가 있을 수 있다. 사무원의 생활 활동량은 뚱뚱한 사람의 경우 25kcal, 마른 사람의 경우 30kcal이다.

하루 필요 칼로리는…

칼로리 필요량을 계산하는 방법은 여러 가지가 있지만 표준 체중에 체중 1kg당 필요 칼로리를 곱해 1일 필요 칼로리를 구하는 방법이 많이 사용된다.

1일 필요 칼로리=표준 체중(kg)×체중 1kg당 필요 칼로리

예를 들어 키가 170cm인 사무직 남자의 1일 필요 칼로리를 알아보자. 표준 체중은 63kg[(170 - 100)×0.9]이고, 체중 1kg당 필요 칼로리는 25~30kcal이므로 1일 필요 칼로리는 약 1575~1890kcal이다. 같은 사무직이라고 해도 운동량, 활동량 등에 차이가 있으므로 이 범위 내에서 개인 상태에 따라 조정을 한다.

체중이 정상인 사람은 산출된 필요 칼로리를 그대로 섭취하면 되지만, 비만인 사람은 체중 조절을 해야 하므로 이보다 적게 섭취해야 한다. 보통 일주일에 0.5kg씩 빼는 것이 적당한데, 계산된 칼로리에서 500kcal 정도를 줄이면 된다. 이렇게 체중의 변화와 성과를 보면서 칼로리를 조절해 나간다.

자신이 계산한 칼로리와 병원에서 처방된 칼로리가 다를 수도 있는데 환자의 상태에 따라 조절해야 할 경우가 있기 때문에 병원에서 처방된 칼로리를 따르도록 한다.

step 2 식품교환표를 이용해 식단을 짠다

자신에게 필요한 1일 칼로리를 구한 다음에는 식단을 짠다. 식단을 짤 때는 칼로리는 물론 영양을 골고루 섭취할 수 있게 짠다. 이때 식품교환표를 이용하면 무엇을 얼마나 먹어야 하는지 쉽게 알 수 있어 식품의 양과 영양을 균형 있게 조절할 수 있다.

식품교환표란…

식품교환표는 일상 식품들을 곡류군, 어육류군, 채소군 등 영양이 비슷한 것끼리 모아 6개 그룹으로 나누어 놓은 것이다. 필요한 영양과 칼로리에 맞춰 각 군에서 필요한 식품을 필요한 만큼 골라 식단을 짜면 된다. 곡류군은 주식으로, 어육류군과 채소군은 부식으로, 지방군은 조리용 기름으로 이용하고 과일군과 우유군을 간식에 넣으면 좋다. 같은 식품군 안에서는 영양소 구성이 비슷하기 때문에 칼로리가 같으면 어느 것을 먹어도 상관없다.

식품교환표를 보면 식품을 쉽게 바꿔 먹을 수 있도록 어떤 식품이든 양을 칼로리가 같게 정해 놓았다. 그 양을 1교환단위라고 하며, 같은 군 안에서는 1교환단위끼리 자유롭게 바꿔 먹을 수 있다. 예를 들어 곡류군에 속하는 쌀밥 70g(⅓ 공기)을 같은 군의 식빵 35g(1장)이나 감자 130g(중간 것 1개)과 바꾸어 먹을 수 있다. 하지만 밥 대신 스테이크를 먹고 싶다고 해서 곡류군의 쌀밥을 어육류군의 쇠고기로 바꿔 먹을 수는 없다.

6가지 식품군

곡류군
곡류, 감자류, 완두, 강낭콩, 밤, 은행

어육류군
어패류, 육류, 알류, 치즈, 대두, 두부, 검은콩

채소군
감자류를 제외한 채소류, 버섯류, 해조류, 곤약

지방군
기름, 버터, 밤을 제외한 견과류, 베이컨

우유군
우유, 치즈 · 버터를 제외한 유제품, 무가당 두유

과일군
견과류를 제외한 과일류

하루의 식단을 짜려면…

합병증이 없는 일반 환자의 경우 다음 표를 보고 식단을 짜면 무리가 없다. 당뇨병 환자는 총 칼로리에 맞춰 식품 배분을 균형 있게 하고 세 끼를 고르게 먹는 것이 중요하다. 한 끼에 너무 치우치면 혈당치가 급격히 올라가 조절이 어렵기 때문이다. 하루의 식품 교환단위 수가 정해지면 각 군의 식품을 아침, 점심, 저녁, 간식으로 고르게 배분한다.

저울과 친해지는 습관을~
저울과 계량컵, 계량스푼을 준비해 무게와 부피를 정확하게 재는 습관을 들인다. 저울은 최대 표시 1kg 정도의 식품용 저울을 준비한다. 디지털 저울이나 눈금이 10g 단위로 표시되어 있는 것이 사용하기에 편하다. 계량컵은 200ml짜리 투명한 컵이 쓰기에 편하다.

1일 칼로리별 식품군의 교환단위 수

칼로리(kcal)	곡류군	어육류군 저지방	어육류군 중지방	채소군	지방군	우유군	과일군
1200	5	1	3	7	2	1	1
1300	6	1	3	7	3	1	1
1400	7	1	3	7	3	1	1
1500	7	2	3	7	4	1	1
1600	8	2	3	7	4	1	1
1700	8	2	3	7	4	2	1
1800	8	2	3	7	4	2	2
1900	9	2	3	7	4	2	2
2000	10	2	3	7	4	2	2
2100	10	2	4	7	4	2	2
2200	11	2	4	7	4	2	2
2300	12	2	4	7	4	2	2
2400	12	3	4	7	5	2	2
2500	13	3	4	7	5	2	2

1일 식품 교환단위 수 배분 예

1200kcal의 경우

	곡류군	어육류군	채소군	지방군	우유군	과일군
1일 교환단위 수	5	4	7	2	1	1
아침	1	1	2	0.5		
점심	2	1	2	0.5		
저녁	2	2	3	1		
간식					1	1

1400kcal의 경우

	곡류군	어육류군	채소군	지방군	우유군	과일군
1일 교환단위 수	7	4	7	3	1	1
아침	2	1	2	1		
점심	3	1	2	1		
저녁	2	2	3	1		
간식					1	1

1600kcal의 경우

	곡류군	어육류군	채소군	지방군	우유군	과일군
1일 교환단위 수	8	5	7	4	1	1
아침	2	1	2	1		
점심	3	2	2	1.5		
저녁	3	2	3	1.5		
간식					1	1

1800kcal의 경우

	곡류군	어육류군	채소군	지방군	우유군	과일군
1일 교환단위 수	8	5	7	4	2	2
아침	2	1	2	1		
점심	3	2	2	1.5		
저녁	3	2	3	1.5		
간식					2	2

식품을 잴 때는 이렇게~
■조리하지 않은 상태에서 껍질이나 뼈 등을 뺀, 먹는 부분만 잰다.
■무게를 잴 때는 저울을 평평한 곳에 놓고 눈금을 0으로 맞춘 뒤 저울 가운데에 식품을 올려놓는다. 눈금을 확인할 때는 눈 높이를 눈금 위치에 맞춰서 본다.
■식품을 그릇에 담아 무게를 재려면 먼저 그릇 무게를 잰 다음 식품을 담아 잰다. 전체 무게에서 그릇 무게를 빼면 식품의 무게가 나온다.
■부피를 잴 때는 계량컵이나 계량스푼에 가볍게 담아 잰다. 눌러 담거나 바닥에 다지지 말고 재도록 한다. 밀가루 등의 가루 식품은 가득 담은 뒤 스푼 손잡이나 칼등으로 평평하게 깎아서 잰다.

식품의 1단위 양을 기억하면 편리
자주 먹는 식품은 1교환단위가 얼마큼 되는지 눈으로 익혀 둔다. 물론 숙달되기 전까지는 정확히 계량하는 일을 게을리 하지 않아야 한다. 또한 평소 쓰는 그릇에 어느 정도 담으면 필요한 양만큼 되는지 기억해 두면 한결 편하다.

1

식단 짜기의 기본으로 삼는 하루 총 1600kcal의 식단을 짜 보자.
우선 주식이 되는 곡류군은 하루 총 8단위이므로 아침에 밥 ⅔공기(2단위), 점심과 저녁에 각각 밥 1공기(3단위)를 먹는다.

	곡류군
1일 교환단위 수	8
아침	2
점심	3
저녁	3
간식	

아침   점심   저녁

2

주요 반찬인 어육류군을 먼저 정하고, 그에 맞춰 채소 반찬을 정한다.
어육류군은 총 5단위이다. 아침에 삼치구이 50g(1단위)를 먹고, 점심에 쇠고기 80g(2단위), 저녁에 생선구이 50g(1단위)과 두부 80g(1단위)을 먹는다. 이렇게 하면 고기와 생선, 두부를 골고루 먹을 수 있다.

	어육류군
1일 교환단위 수	5
아침	1
점심	2
저녁	2
간식	

아침   점심   저녁

3

다음으로 채소군을 정한다. 총 단위 수가 7단위이니까 아침, 점심은 2단위씩 배분하고 저녁은 3단위로 한다. 아침에는 시금치국, 호박나물, 김치 30g을 먹고 점심에는 무다시마국, 쌈채소 70g, 깍두기 30g을, 저녁에는 쑥갓나물, 가지나물, 김치 50g을 먹는다.

	채소군
1일 교환단위 수	7
아침	2
점심	2
저녁	3
간식	

아침   점심   저녁

4

지방군은 4단위이므로 식용유나 참기름 등을 세 끼에 나눠 조리할 때 쓰면 된다. 이때 조리에 들어가는 양념도 잊지 말고 총 단위 수에 포함시켜야 한다. 마지막으로 우유군의 우유 1컵(1단위), 과일군의 사과 ½개(100g, 1단위)를 간식으로 먹으면 된다.

	지방군	우유군	과일군
1일 교환단위 수	4	1	1
아침	1		
점심	1.5		
저녁	1.5		
간식		1	1

간식

1일 1600kcal 식단의 예

	곡류군	어육류군	채소군	지방군	우유군	과일군
1일 교환단위 수	8	5	7	4	1	1
아침	2	1	2	1		
아침	밥 $\frac{2}{3}$공기	삼치구이 (삼치 1토막)	시금치국 (시금치 40g) 호박나물 (호박 30g) 김치 30g	식용유 1작은술		
점심	3	2	2	1.5		
점심	밥 1공기	소불고기 (소살코기 80g)	무다시마국 (무 20g, 다시마 약간) 쌈채소 (상추·깻잎 등 70g) 깍두기 30g	식용유 1작은술 참기름 $\frac{1}{2}$작은술		
저녁	3	2	3	1.5		
저녁	밥 1공기	두부찌개 (두부 80g) 고등어구이 (고등어 1토막)	쑥갓나물 (쑥갓 70g) 가지나물 (가지 70g) 김치 50g	식용유 1작은술 참기름 $\frac{1}{2}$작은술		
간식					1	1
간식					우유 1컵	사과 $\frac{1}{3}$개

멀리 해야 할 기호 식품들

케이크, 파이, 단 쿠키, 사탕, 초콜릿, 아이스크림, 양갱, 젤리, 과일 통조림, 설탕입힌 시리얼, 꿀, 잼, 시럽, 조청, 유자차, 모과차, 청량 음료, 초콜릿 우유, 가당 연유, 가당 요구르트, 약과, 꿀떡, 사탕, 껌, 술 등은 당뇨병 환자가 피해야 할 기호식품들이다.

주의! 조미료&소스

조미료와 소스는 사용량이 많지 않아 식단을 짤 때 자칫 빼먹기 쉽지만 칼로리가 있으므로 소홀히 해서는 안 된다. 짜게 먹으면 고혈압, 심장질환 등의 합병증을 초래할 수 있으므로 사용량에 주의해야 한다.

	중량(g)	어림치	염분 함량(g)
소금	1	$\frac{1}{2}$ 작은술	1
간장	5	1작은술	1
저염 간장	10	2작은술	1
우스터 소스	10	2작은술	1
고추장	10	$\frac{1}{2}$ 큰술	1
된장	10	$\frac{1}{2}$ 큰술	1

먹으면 약이 되는 식품 & 효과적으로 먹는 요령

> 당분과 지방이 적은 식품은 혈당치 상승을 줄일 수 있다. 혈압을 낮추고 콜레스테롤이 적은 식품도 당뇨병 치료에 도움을 준다. 하지만 어떤 식품을 먹든지 항상 영양 균형을 염두에 두고 골고루 먹어야 한다.

현미

벼의 속껍질과 쌀눈이 남아 있어 비타민, 무기질 등의 영양소와 섬유질이 풍부하다. 오래 씹어야 하기 때문에 과식하지 않게 되어 비만을 막는다. 피로를 풀고 체질을 개선하는 효과도 있다.

이렇게 먹으면 좋아요

밥을 지을 때 백미보다 물을 조금 더 부어야 한다. 30분 정도 불릴 경우 물은 현미의 1.5배 정도 부으면 적당하다. 죽을 쑤거나 수프를 끓여 먹어도 좋다.

보리

소화가 잘 되고 비장과 위장을 튼튼하게 한다. 지방과 탄수화물이 적고 비타민 B_1이 당질 대사를 도와 당뇨병 치료에 도움을 준다. 콜레스테롤 수치를 떨어뜨리는 작용도 있다. 성질이 차기 때문에 열이 많은 소양인에게 특히 잘 맞는다.

이렇게 먹으면 좋아요

보리밥을 지어 먹거나 보리차를 수시로 마시면 좋다. 보리를 발아시켜 말린 것이 엿기름으로, 식혜를 만들어 후식으로 먹으면 소화도 잘 된다. 단, 설탕을 넣으면 당분이 많아져 오히려 혈당을 높일 수 있으니 주의한다. 인공 감미료를 쓰는 것도 방법이다.

율무

질 좋은 아미노산과 식이섬유가 풍부하다. 열을 없애고 피를 맑게 하며 신진 대사를 활발하게 해 비만을 막는 등 당뇨병 치료에 도움이 된다. 이뇨 작용으로 부기를 빼고 콜레스테롤을 줄이며 심장병과 암을 예방하는 효능도 있다. 우리나라 사람에게 가장 많은 태음인 체질에 잘 맞는다. 단, 임신부의 경우 초기에 지나치게 많이 먹으면 자연 유산이 될 수 있고 남자는 발기불능이 올 수 있다. 아이들은 성장 장애를 일으킬 수 있으므로 주의한다.

이렇게 먹으면 좋아요

껍질째 볶아 달여 차처럼 마시면 좋다. 밥에 넣을 때는 율무를 10~20% 섞는 것이 적당하다. 하루나 이틀 동안 물에 불렸다가 죽을 쑤어 먹어도 좋다.

흑미

콜레스테롤 수치를 낮추고 혈액 순환을 좋게 하며 면역력을 높인다. 검은색을 내는 색소인 안토시아닌은 노화나 동맥경화 등을 일으키는 활성 산소를 중화시킨다. 간 기능을 개선하고 암 등 다양한 질병을 예방하는 효과가 있다.

이렇게 먹으면 좋아요

안토시아닌은 수용성이기 때문에 물에 오래 담가 두면 다 빠져나간다. 씻어 건져 두거나 불린 물로 밥을 짓는다. 색이 검은 것은 현미 상태이므로 약간 붉은 색을 띠는 것이 소화가 잘 된다. 국내산이 중국산보다 안토시아닌이 3배 정도 많다.

검은깨

신진 대사와 혈액 순환을 돕는 레시틴과 비타민, 칼슘, 철분, 인 등이 들어 있다. 특히 비타민 E가 풍부해 췌장 세포를 보호한다. 혈당치를 내리고 신경 계통의 증상을 완화시키는 효과도 있다. 지방이 많긴 하지만 대부분 리놀산이나 올레인산 등 불포화 지방산이기 때문에 콜레스테롤 수치를 낮춘다.

이렇게 먹으면 좋아요

팬에 기름 없이 볶아 가루 내어 두었다가 음식에 넣어 먹는다. 우유나 두유 등에 타 먹어도 좋다.

검은콩

필수 아미노산이 풍부하며 지방의 대부분이 불포화 지방산으로 콜레스테롤이 쌓이는 것을 막고 혈관을 부드럽게 한다. 몸 안의 노폐물을 밖으로 내보내는 해독 효과로 피를 맑게 해 고혈압, 동맥경화 등을 예방한다. 신장 기능을 좋게 하고 눈을 밝게 하는 효능도 있다.

이렇게 먹으면 좋아요

말려서 가루 내어 두었다가 매일 식후에 한 숟가락씩 먹으면 좋다. 식초에 담가 두었다가 먹으면 비만을 막을 수 있고 성인병 치료에도 도움이 된다. 설탕을 넣어 조리하면 젖산이 늘어 피로의 원인이 되므로 넣지 않는 것이 좋다.

대두

지방이 적고 콜레스테롤이 없으며 식이섬유가 풍부하다. 혈당 지수가 낮아 많이 먹어도 혈당에 큰 영향을 주지 않기 때문에 당뇨병 환자에게 알맞다. 필수 아미노산이 고기 못지않을 만큼 균형 있게 들어 있으며 식물성 단백질에 부족하기 쉬운 리신이 많다. 지방은 대부분 불포화 지방산이어서 콜레스테롤과 중성 지방이 늘어나는 것을 막는다. 고혈압, 동맥경화, 뇌졸중 등을 예방하고 심장병, 비만 등에도 효과가 있다.

이렇게 먹으면 좋아요

살짝 익혀서 갈아 만든 두유를 마시면 좋다. 콩은 익혀 먹으면 소화율이 65%이며 발효시킨 된장은 80%, 두부는 95% 이상으로 높다. 두부는 물론 비지, 청국장 등 콩으로 만든 식품을 다양하게 먹는다.

팥

열을 식히고 갈증을 없앤다. 영양이 균형 있게 들어 있고 식이섬유가 많으며, 비타민 B_1이 풍부해 당질 대사를 돕는다. 칼로리가 적고 혈압과 혈당치를 낮추기 때문에 당뇨병 치료는 물론 비만과 고혈압 등을 막는다. 이뇨 작용이 있고 해독 효과도 뛰어나다. 성질이 차서 소양인에게 잘 맞으며 소음인에게는 어울리지 않는다.

이렇게 먹으면 좋아요

팥과 다시마, 호박을 함께 삶아 조금씩 먹으면 좋다. 팥을 삶을 때는 처음 삶은 물을 버리고 다시 물을 부어 푹 삶아야 떫은맛이 나지 않는다.

녹두

필수 아미노산이 풍부하고 지방이 적다. 콩류 중 아연이 비교적 많이 들어 있는데 아연은 췌장에 들어가 인슐린의 작용을 높여 당뇨병 치료를 돕는다. 열을 내리고 갈증을 풀기 때문에 당뇨병 환자에게 좋고 콜레스테롤을 줄이는 효과가 있다. 특히 신장 기능이 떨어져 몸이 붓는 경우에 먹으면 좋다. 위장을 튼튼하게 하고 간을 보호하며 해독 작용도 한다. 몸에 열이 많은 체질에 잘 맞는다.

이렇게 먹으면 좋아요

달여 마시거나 삶아 먹는다. 즙을 내거나 죽을 쑤어 먹어도 좋다. 녹두를 키운 숙주로 나물을 무쳐 먹어도 좋은데, 숙주에는 녹두보다 비타민 A가 2배, 비타민 B는 30배, 비타민 C는 40배 정도 많이 들어 있다.

시금치

카로틴과 비타민 C, 철분, 칼슘 등이 많이 들어 있고 식이섬유도 풍부하다. 생리 기능을 원활하게 하고 콜레스테롤을 줄여 고혈압, 당뇨병 등에 좋다. 가슴이 답답하고 번열이 생기거나 갈증이 심할 때 먹으면 효과를 볼 수 있다. 시금치에 들어 있는 수산이 칼슘과 결합하여 결석을 만들 수 있는데, 이는 매일 1kg 이상씩 먹을 때 생기는 것이므로 평소 먹는 정도로는 걱정할 필요 없다.

이렇게 먹으면 좋아요

국이나 무침 등을 하거나 죽을 쑤어 먹는다. 뿌리가 빨갛고 잎이 밑에서부터 넓게 난 것을 고르고, 뿌리 쪽에 영양이 풍부하므로 손질할 때 잘라 내지 않도록 한다.

양파

채소치고는 단백질이 많은 편이고 칼슘과 철분도 풍부하다. 혈당치를 내리고 인슐린 분비를 촉진하며 포도당이 효율적으로 쓰일 수 있도록 돕는 역할을 한다. 혈압을 내리고 콜레스테롤이 많아지는 것을 억제하며 혈전을 녹이는 작용이 있어 고혈압, 고지혈증 등의 합병증을 막는다. 이뇨 작용이 강해 나트륨과 칼륨을 몸 밖으로 내보내는 효과도 있다.

이렇게 먹으면 좋아요

샐러드나 샌드위치 등에 넣어 먹으면 좋다. 생으로 먹을 경우에는 껍질을 벗기고 물에 담가 매운맛과 냄새를 없앤다. 양파는 껍질이 투명하고 윤기가 나며 단단한 것이 좋다. 자루에 들어 있는 것을 살 때는 모양이 일정한 것을 고르고 통풍이 잘 되는 서늘한 곳에 보관한다.

마늘

소화를 돕고 혈당을 줄여 당뇨병 치료에 도움을 준다. 혈압을 조절하고 혈전을 녹여 동맥경화나 고혈압 등의 성인병을 예방하고 피로 회복과 감기 치료에도 효과가 있다. 해독 작용이 있어 습진, 가려움증 등의 피부 질환에도 좋다. 소음인 체질에 잘 맞는다.

이렇게 먹으면 좋아요

생마늘을 씹어 먹거나 즙을 내어 먹으면 혈당과 혈압이 내려간다. 단, 위벽을 자극할 수 있으므로 빈속에는 먹지 않는 것이 좋으며 위장이 약한 사람은 구워 먹는다. 꿀과 함께 먹으면 약효가 떨어지고 부작용이 생길 수 있으므로 주의한다.

미나리

비타민이 풍부한 알칼리성 식품으로 혈중 콜레스테롤과 혈당량을 줄인다. 칼슘, 철분, 칼륨, 인, 아연 등의 무기질과 식이섬유도 들어 있어 당뇨병 환자에게 좋다. 깨끗한 피를 만들고 소변을 잘 나오게 한다.

이렇게 먹으면 좋아요

찌개 등에 넣거나 나물을 무쳐 먹는다. 입맛을 잃었을 때 먹으면 식욕을 되찾는데 효과가 있다. 데칠 때는 끓는 물에 소금을 넣고 뿌리쪽부터 넣어 뚜껑을 연 채 빠르게 데친다.

호박

비타민과 미네랄 등이 골고루 들어 있으며 비타민 A와 C가 풍부하다. 혈당치를 낮출 뿐 아니라 당분의 흡수를 지연시켜 혈당치가 올라가는 것을 억제한다. 당뇨병으로 인한 부기를 내리고 피로 회복에도 효과가 있다. 지방은 불포화 지방산으로 혈액 순환을 돕고 동맥경화, 고혈압 등을 예방한다. 호박씨도 당뇨병에 좋은 식품으로 꼽힌다.

이렇게 먹으면 좋아요

죽을 쑤거나 국을 끓여 먹는다. 호박씨를 간식으로 먹어도 좋다. 호박을 고를 때는 너무 크지 않고 모양이 고르며 윤기가 나는 것, 상처가 없고 꼭지가 마르지 않은 것을 고른다.

오이

비타민과 무기질이 풍부하다. 칼륨이 많기 때문에 몸 속 염분과 노폐물을 내보내 피를 맑게 한다. 칼로리가 낮고 당분과 지방이 거의 없어 당뇨병 환자에게 좋으며 성질이 차고 90% 이상이 수분이어서 열을 내리고 갈증을

푸는 효과도 뛰어나다. 이뇨 작용이 있어 신장 기능이 떨어지거나 부기가 있을 때 먹으면 좋다. 익히면 이뇨 작용이 더 강해진다.

이렇게 먹으면 좋아요

비타민 C를 파괴하는 효소가 들어 있어 다른 채소와 함께 먹지 않는 것이 좋다. 다른 채소와 함께 조리할 때는 식초를 넣도록 한다. 이렇게 하면 효소의 작용을 막을 수 있다. 모양이 곧고 굵기가 고르며 오돌토돌한 돌기가 있는 것을 고르고, 꼭지 부분에 영양이 많으므로 자르지 않는 것이 좋다. 신문지에 싸서 냉장고 채소실에 두면 일주일 이상 보존할 수 있다.

가지

비타민은 적은 편이지만 칼슘, 철분 등의 미네랄이 많이 들어 있다. 식이섬유가 풍부하고 당분이 적어 당뇨병 환자에게 좋은 식품이다. 열을 내리고 해독 작용이 있으며 출혈을 멎게 하는 효능도 있다. 몸을 차게 하기 때문에 냉증이 있는 사람은 먹지 않는 것이 좋다.

이렇게 먹으면 좋아요

스펀지처럼 기름을 많이 흡수하기 때문에 기름 없이 조리한다. 쪄서 양념장에 무쳐 먹으면 좋다. 짙은 보랏빛을 띠고 윤기가 나는 것, 꼭지 가시가 빳빳하고 흠이 없는 것을 고른다. 떫은맛이 강하기 때문에 조리 전에 물에 담가 떫은맛을 우려 내는 것이 좋다.

배추

비타민 C와 카로틴, 칼슘, 철분 등이 풍부하다. 성질이 차서 열을 식히고 콜레스테롤 수치를 떨어뜨리는 효능이 있다. 식이섬유가 많고 소화 기관의 기능을 원활하게 해 변비에 좋으며 비만을 막는다. 다음과 다식 증상이 있을 때 먹으면 도움이 된다.

이렇게 먹으면 좋아요

김치를 많이 먹으면 좋지만 김치에는 염분이 많기 때문에 당뇨병 환자는 주의해야 한다. 국을 끓여 먹거나 생즙을 내어 마시면 좋다. 들었을 때 묵직하고 잎 끝부분이 여며져 있는 것을 고른다. 겉잎의 색이 진하고 두껍지 않아야 맛있다.

무

혈당치를 내리고 갈증을 멎게 해 당뇨병 환자에게 좋다. 식이 섬유가 풍부하고 지방 대사를 촉진하는 성분이 있어 비만을 막고 콜레스테롤 수치를 내려 고혈압과 관상동맥심장병을 예방한다. 부스럼 등의 피부 질환을 치료하는 효과도 있다. 소화 효소가 있어 고기와 함께 먹으면 좋고 밀가루 독을 없애기 때문에 밀가루 음식과도 궁합이 잘 맞는다. 비장과 위장이 찬 사람은 많이 먹지 않도록 한다.

이렇게 먹으면 좋아요

무즙을 달여 꿀을 타서 마시거나 죽을 쑤어 먹으면 좋다. 껍질에 비타민이 2배나 많이 들어 있으므로 깎지 말고 조리한다. 무는 겉이 희고 매끄러우며 단단한 것이 좋다.

당근

비타민 E를 뺀 각종 비타민과 칼슘, 철분, 식이섬유가 많이 들어 있다. 특히 베타카로틴이 몸 안에서 비타민 A로 바뀌어 눈과 피부를 보호한다. 조혈을 촉진하고 혈액 순환을 원활하게 하며 혈당치와 혈압을 내리기 때문에 당뇨병 환자에게 좋다. 합병증으로 신경 조직이나 망막 등이 손상되었을 때도 치료 효과가 있다.

이렇게 먹으면 좋아요

비타민 A의 모체인 베타카로틴이 지용성이어서 기름에 볶아 먹으면 흡수율을 높일 수 있지만, 기름의 양에 주의한다. 죽을 쑤거나 주스, 수프, 샐러드 등을

만들어 먹으면 좋다. 색깔이 선명하고 매끈하며 잔뿌리가 없는 것을 고르고 손질해서 밀폐 용기에 담아 냉장실에 두면 한 달 정도 보관할 수 있다.

아스파라거스

비타민과 미네랄이 풍부하다. 특히 비타민은 다른 채소의 2~3배나 되고 익혀도 비교적 덜 파괴된다. 혈당치를 내리고 신진 대사를 활발하게 하며 피로 회복 효과가 있다. 모세 혈관을 튼튼하게 해 동맥경화와 고혈압, 고지혈증을 예방, 치료하는 데에도 도움을 준다.

이렇게 먹으면 좋아요

조리해도 비타민 손실이 적으므로 데쳐서 먹으면 좋다. 딱딱한 밑동을 잘라 내고 껍질을 얇게 벗긴 뒤 끓는 물에 소금을 조금 넣고 밑동부터 넣어 살짝 익혀 먹는다.

표고버섯

혈당 조절 효과가 있어 당뇨병에 좋고, 칼로리가 없어 많이 먹어도 살찔 염려가 없다. 조혈 작용에 필요한 비타민 B_2와 뼈를 튼튼하게 하는 비타민 D, 혈액 대사를 돕는 엘리타데닌 등이 풍부하다. 혈중 콜레스테롤 수치를 떨어뜨리고 혈관 경화를 막아 혈압을 내리며 동맥경화, 심장병, 신장염 등을 예방하는 효과도 있다.

이렇게 먹으면 좋아요

마른 표고버섯이 말리지 않은 것보다 맛과 향이 강하고 영양도 더 많다. 찜이나 볶음, 샤브샤브 등을 해 먹으면 좋다. 다시마와 함께 조리하면 잘 어울린다. 보관할 때는 주름이 있는 쪽을 위로 놓아 두도록 한다.

녹차

비타민 C가 풍부하다. 지방을 분해하는 효과가 있어 비만을 막고 혈압과 혈당치를 내리고 콜레스테롤 수치를 낮추기 때문에 당뇨병에 좋다. 열을 내리고 혈액 순환을 원활하게 하며 머리와 눈을 맑게 하는 효능이 있다. 해독 작용도 강하다.

이렇게 먹으면 좋아요

차를 끓여 커피 대신 마신다. 녹차가루를 음식에 넣거나 우유 등에 타서 먹어도 좋다. 녹차는 빛과 열, 습기에 약하기 때문에 서늘하고 건조한 곳에 두어야 한다. 조금씩 나눠 밀봉해서 냉동실에 두면 좋다. 냄새를 흡착하는 성질이 있어 밀봉하지 않으면 다른 식품의 냄새가 배어들므로 주의한다.

미역

칼슘, 요오드 등 미네랄이 풍부해 신진 대사를 돕고 피를 맑게 한다. 콜레스테롤과 중성 지방을 없애고 비만을 막기 때문에 동맥경화, 고혈압, 당뇨병 등에 좋다. 대소변을 잘 나오게 하는 효과도 있다. 미역뿐 아니라 다시마, 파래, 김 등 해조류는 칼로리가 거의 없고 비타민, 미네랄, 식이섬유 등이 풍부해 당뇨병 환자에게 좋은 식품이다.

이렇게 먹으면 좋아요

식초와 잘 어울리므로 냉채를 해 먹으면 좋다. 불릴 때 물에 너무 오래 담가 두면 영양 손실이 커진다. 30분 이상 담가 두지 않도록 한다. 알칼리성 식품이기 때문에 고기나 생선 등의 산성 식품을 먹을 때 함께 먹으면 중화시키는 효과가 있다. 마른 미역을 고를 때는 검고 윤기가 나는 것을 고른다.

해삼

당뇨병을 오래 앓으면 마그네슘이 빠져나가 부족해지기 쉽다. 마그네슘이 부족하면 인슐린 분비가 잘 안 되고 고혈압이나 만성혈관신경질환과 같은 합병증이 올 수 있다. 해삼에는 마그네슘이 풍부해 당뇨병 환자가 해삼을 먹으면 부족한 마그네슘을 보충할 수 있다. 마른 해삼에 영양이나 효능이 더 많다.

이렇게 먹으면 좋아요

해삼은 회로 많이 먹는데 생으로 먹으면 소화흡수율이 떨어진다. 내장을 빼고 손질해 데쳐 먹거나 마른 해삼을 물에 불려 식초에 무쳐 먹으면 좋다. 마른 해삼을 불릴 때는 다섯 번 정도 물을 바꿔 가며 하룻동안 불린다.

미꾸라지

기운을 돋우고 소화를 돕는다. 칼슘, 인, 아연 등이 풍부해 혈당을 내리는 효과가 있으며 불포화 지방산이 항산화 작용을 해 췌장 세포를 보호한다. 갈증이 심하고 다뇨, 가려움증 등의 증상이 있는 당뇨병 환자에게 좋다.

이렇게 먹으면 좋아요

인삼과 황기를 넣고 푹 삶아 먹으면 좋다. 죽을 쑤거나 탕을 끓여 먹기도 하는데 우거지나 호박순을 넣어 끓이면 비린내를 줄일 수 있다. 산초가루를 넣어도 좋다. 알과 난소에 비타민 A와 D가 풍부하므로 내장을 함께 넣어 끓이는 것이 좋다.

맛있게 먹으면서 혈당 걱정 줄인다

당뇨병 환자는 음식을 먹을 때 가려야 할 것들이 있다. 하지만 무조건 참고 피하다가 스트레스가 쌓인다면 오히려 도움이 되지 않는다. 적당히 바꿔 먹을 수 있는 대처법을 찾아보는 것도 현명한 방법이다.

설탕이 들어 있는 식품

설탕은 흡수가 빨라 혈당을 갑자기 올리므로 주의해야 한다. 소량은 사용할 수 있지만 가능한 한 집에서 조리할 때는 설탕을 사용하지 않도록 한다. 설탕 외에 물엿, 꿀 등도 마찬가지다. 사탕, 아이스크림, 청량 음료 등도 모두 피해야 할 식품이다.

이렇게 먹으면 좋아요

당뇨병 환자에게 단 음식은 독이지만 단맛이 없는 음식을 먹기 어렵다면 설탕 대신 인공 감미료를 쓰는 방법이 있다. 단맛을 살리면서 칼로리는 낮아 당뇨병 환자에게 유용한 대체 식품이다. 많이 쓰는 것으로는 사카린과 아스파탐이 있는데, 다이어트 콜라 등이 바로 이런 감미료를 쓴 제품이다. 단, 안전하지 못한 것도 있으므로 구입할 때 원료를 꼭 확인하고 사전에 감미료의 종류와 사용량 등을 의사와 상의하는 것이 좋다.

당뇨병 환자는 무엇보다 입맛을 담백하게 길들이는 것이 가장 중요하다. 인공 감미료의 양을 조금씩 줄여 나가 달지 않은 음식에 적응하도록 노력한다.

인공 감미료는 어떤 것이 있을까?

■사카린은 가장 오랫동안 써 온 감미료이다. 칼로리가 전혀 없으면서 단맛은 설탕의 300~400배로 음식이 뜨거워도 단맛이 유지된다. 태반을 지나기 때문에 임신부는 주의해야 한다.

■아스파탐은 '그린 스위트' '화인 스위트'라는 이름으로 시판되고 있는 감미료로 2가지 아미노산으로 구성되어 있어 1g당 4kcal의 열량을 낸다. 하지만 단맛이 설탕의 200배 정도라서 실제 사용량이 적기 때문에 혈당과 체중에 거의 영향을 미치지 않는다. 열에 약해 가열하면 단맛을 잃으므로 음식이 완성된 다음에 넣는 것이 좋다.

■과당은 포도당과 비슷한 구조로 설탕의 2배 정도 단맛을 내지만 설탕과 같은 열량을 낸다. 혈당 조절이 잘 안 되는 당뇨병 환자에게는 맞지 않는다. 솔비톨과 만니톨, 자일리톨은 장에서 흡수가 잘 안 돼 많이 먹으면 설사를 할 수 있으므로 주의해야 한다.

밀가루

밀가루는 도정 과정에서 껍질이 벗겨져 나가 영양 성분이 남아 있지 않다. 당질의 주요 공급원이므로 많이 먹으면 칼로리 섭취가 늘어나고 고혈압 등 성인병을 일으킬 수 있으므로 허용량 내에서만 먹는다.

설탕   인공 감미료

밀가루   통밀가루

이렇게 먹으면 좋아요

껍질을 벗기지 않은 통밀가루를 먹는다. 밀 껍질은 성질이 차고 여러 가지 영양 성분과 식이섬유가 남아 있어 당뇨병 치료에 도움을 준다. 고운 밀가루에 비해 부드러운 맛은 덜하지만 고소한 맛은 더 강하다. 밀가루 대신 다른 곡류 가루를 이용해도 좋다. 이때도 메밀가루, 콩가루 등 도정하지 않은 잡곡 가루를 사용한다.

과일

과일에는 우리 몸에 필요한 여러 가지 영양소가 함유되어 있지만 당뇨병 환자의 경우 주의가 필요하다. 이는 과일에 포함되어 있는 당분 때문인데 과일에 들어 있는 과당과 포도당 역시 설탕과 마찬가지로 우리 몸에 쉽게 흡수되어 혈당을 급격히 올린다. 하지만 과일은 비타민 등이 풍부하므로 섭취량을 지켜 적당히 먹으면 좋다.

이렇게 먹으면 좋아요

되도록 사과나 배 등 혈당 지수가 낮은 과일을 먹는다. 오렌지, 레몬, 유자, 대추 등은 동맥경화를 예방하는 효과가 있어 치료에 도움이 된다. 단, 말린 과일은 당분이 농축되어 있고 많이 먹을 우려가 있으므로 피하는 것이 좋다. 과일을 먹을 때는 주스를 만들어 먹기보다 생과일을 껍질을 얇게 벗겨 먹는 것이 좋다.

고기의 지방&내장

돼지 비계 같은 고기의 지방과 간, 허파, 곱창 등 동물의 내장, 그리고 버터 등에는 성인병의 원인이 되는 포화 지방산과 콜레스테롤이 많이 들어 있다. 달

걀노른자와 장어, 오징어, 새우, 치즈 등도 혈중 콜레스테롤을 높일 수 있는 식품들이다. 콜레스테롤 수치가 높아지면 협심증이나 심근경색증 등의 합병증이 올 수 있다.

이렇게 먹으면 좋아요

쇠고기와 돼지고기는 기름을 떼고 닭고기는 껍질을 벗기고 먹는다. 육수는 기름을 완전히 걷어 낸다. 고기 대신 콩고기를 먹는 것도 좋다. 콩고기는 말 그대로 콩으로 만든 고기이며 고기의 맛과 색을 그대로 살린 채식 고기다. 쫄깃하게 씹히는 맛까지 진짜 고기와 다를 바가 없어 포화 지방산이나 콜레스테롤 걱정 없이 고기맛을 즐길 수 있다. 요즘은 콩고기 제품들이 많이 나와 구하기도 쉽다. 달걀은 1주일에 두 개 정도, 오징어와 새우 등은 1주일에 두세 번만 먹는다.

과일주스　　　　　생과일

고기　　　　　콩고기

Bonus Page
칼로리별 식단
외식 & 간식 칼로리

당뇨병 환자마다 하루에 필요한 칼로리가 다르다.
하루 총 1200~1800kcal의 식단을 칼로리별로 나눠 제시했다. 자신에게 맞는
칼로리의 식단을 찾아 그대로 따라하면 당뇨병 치료에 도움이 된다.
또한 외식이나 간식은 무심결에 먹다가 허용 칼로리를 초과하기 쉽다.
자주 먹는 외식과 간식의 칼로리를 정리했다.

칼로리는 당뇨병을 다스리는 키포인트

당뇨병을 치료하기 위해서는 무엇보다 음식의 칼로리에 신경 써야 한다.
칼로리를 지나치게 많이 섭취하면 혈당치가 높아지고
장기적으로는 비만을 불러 병을 악화시킨다. 외식이나 간식 등에는
당분과 지방이 많이 들어 있어 그 자체만으로도 칼로리가 높은데다 칼로리를
가늠하기도 쉽지 않고 과식할 수 있어 주의해야 한다.
식단을 칼로리별로 나눠 제안하고 외식과 간식의 칼로리를 따로 정리해 두는
이유가 바로 거기에 있다. 평소 자신의 허용 칼로리와 외식·간식의
칼로리를 기억해 혈당 관리를 철저히 한다.

	아침	점심	저녁	간식
월	차조밥 70g($\frac{1}{2}$공기) 미역국 마른 미역 5g 동태전 동태 40g 달걀 10g 식용유 $\frac{1}{2}$작은술 무나물 무 70g 식용유 약간 물김치 70g	열무보리비빔밥 보리밥 140g($\frac{3}{4}$공기) 오이 20g 열무김치 70g 쇠고기 40g 달걀 55g(1개) 식용유 $\frac{1}{2}$작은술 참기름 1작은술 우거지사골국 우거지 50g 백김치 50g	쌀밥 140g($\frac{3}{4}$공기) 시금치국 시금치 50g 고기완자찜 쇠고기 40g 꽈리고추조림 꽈리고추 50g 식용유 약간 브로콜리무침 브로콜리 50g 참기름 약간 배추김치 50g	우유 200ml 사과 100g
화	모닝빵 35g(1개) 달걀반숙 55g(1개) 양상추토마토샐러드 양상추 50g 토마토 50g 마요네즈 1작은술 우유 200ml	흑미밥 140g($\frac{3}{4}$공기) 꽃게찌개 꽃게 70g 무·호박 70g 두부 80g 참나물 참나물 70g 식용유 약간 김구이 1장 배추김치 50g	콩밥 140g($\frac{3}{4}$공기) 김치찌개 김치 70g 양파고기전 양파 20g 쇠고기 30g 달걀 10g 식용유 약간 숙주나물 숙주 70g 참기름 약간 깍두기 50g	생토마토주스 토마토 200g
수	쌀밥 70g($\frac{1}{2}$공기) 육개장 쇠고기 40g 숙주·고사리·파 70g 참기름 $\frac{1}{2}$작은술 석박지 30g	현미밥 140g($\frac{3}{4}$공기) 된장찌개 호박·양파 40g 청어그릴구이 청어 50g 해초무침 70g 열무김치 30g	수수밥 140g($\frac{3}{4}$공기) 백숙 닭살 80g 오이도라지무침 오이·도라지 70g 참기름 약간 두릅나물 두릅 50g 참기름 약간 배추김치 30g	
목	새우죽 쌀 30g 새우 25g 당근·파 15g 참기름 $\frac{1}{2}$작은술 쇠고기장조림 쇠고기 20g 호박나물 호박 70g 식용유 약간 물김치 70g	오징어덮밥 밥 140g($\frac{3}{4}$공기) 오징어 100g 양파·호박 70g 식용유 1작은술 콩나물국 콩나물 50g 고구마순나물 고구마순 70g 식용유 약간 백김치 50g	강낭콩밥 140g($\frac{3}{4}$공기) 버섯찌개 표고버섯·느타리버섯·팽이버섯 80g 무 30g 쇠고기그릴구이 쇠고기 40g 양파 20g 상추무침 상추 70g 참기름 약간 배추김치 50g	우유 200ml 배 100g
금	완두밥 70g($\frac{1}{2}$공기) 배추된장국 배추 50g 북어찜 북어 15g 식용유 약간 도라지나물 도라지 50g 식용유 약간 깍두기 40g	바지락칼국수 국수 80g 바지락 70g 호박·양파 70g 배추김치 50g	보리밥 140g($\frac{3}{4}$공기) 아욱국 아욱 50g 두부양념조림 두부 80g 굴무침 굴 50g 무·쑥갓 20g 참기름 약간 가지나물 가지 70g 참기름 약간 총각김치 50g	우유 200ml 바나나 60g
토	토스트 보리식빵 35g(1장) 햄버그스테이크 쇠고기 40g 양파 5g 식용유 $\frac{1}{2}$작은술 채소스틱 오이·당근·셀러리 100g 우유 200ml	현미밥 140g($\frac{3}{4}$공기) 무다시마국 무 50g 닭살겨자채 닭살 40g 양파·오이·셀러리 50g 병어조림 병어 50g 식용유 약간 부추무침 부추 50g 참기름 약간 배추김치 50g	쌀밥 140g($\frac{3}{4}$공기) 대구매운탕 대구 50g 무·미나리 70g 쑥갓나물 쑥갓 70g 참기름 약간 해초무침 해초 70g 백김치 50g	포도 100g
일	쌀밥 70g($\frac{1}{2}$공기) 열무된장국 열무 50g 연두부찜 연두부 150g 참기름 약간 깻잎찜 깻잎 20g 참기름 약간 배추김치 30g	쑥쌀밥 140g($\frac{3}{4}$공기) 근대국 근대 50g 버섯불고기 쇠고기 60g 느타리버섯 30g 참기름 약간 식용유 $\frac{1}{2}$작은술 곤약조림 곤약 70g 열무김치 50g	콩나물밥 밥 140g($\frac{3}{4}$공기) 콩나물 50g 쇠고기 20g 참기름 약간 무채된장국 무 50g 갈치그릴구이 갈치 50g 마늘종볶음 마늘종 50g 식용유 약간 배추김치 50g	두유 200ml 딸기 150g

■음식에 들어가는 재료와 분량에 따라 칼로리 차이가 날 수 있다. 칼로리에 영향을 주는 주재료와 기름의 양을 적었다. 꼭 지켜서 조리하도록 한다.

하루 1400kcal 1주일 식단

	아침	점심	저녁	간식
월	쌀밥 140g(⅔공기) 콩나물국 콩나물 50g 달걀찜 달걀 55g(1개) 쑥갓나물 쑥갓 70g 참기름 약간 백김치 50g	보리밥 140g(⅔공기) 순두부찌개 순두부 200g 달래무침 달래 50g 참기름 약간 무나물 무 70g 참기름 약간 배추김치 50g	쌀밥 210g(1공기) 열무된장국 열무 50g 닭조림 닭살 40g 양파·당근 40g 식용유 약간 어포무침 어포 15g 참기름 약간 시금치나물 시금치 70g 참기름 약간 깍두기 50g	우유 200ml 오렌지 100g
화	고기채소죽 쌀 60g 쇠고기 20g 양파·당근·파 25g 참기름 ½작은술 메추리알장조림 메추리알 25g(3개) 취나물 취 70g 식용유 약간 물김치 70g	떡국 떡 100g 쇠고기 20g 굴전 굴 40g 달걀 10g 식용유 1작은술 석박지 50g	강낭콩밥 210g(1공기) 무다시마국 무 50g 다시마 약간 쇠고기채소철판볶음 쇠고기 60g 숙주·양파·피망 70g 식용유 ½작은술 통도라지무침 통도라지 50g 참기름 약간 배추김치 50g	두유 100ml 토마토 250g
수	토스트 식빵 70g(2장) 달걀프라이 달걀 55g(1개) 식용유 ½작은술 양상추브로콜리무침 양상추·브로콜리 100g 올리브오일 ½작은술 우유 200ml	현미밥 140g(⅔공기) 김치콩나물국 김치 30g 콩나물 30g 닭불고기 닭살 40g 양파·깻잎 15g 식용유 ½작은술 상추오이무침 상추·오이 70g 참기름 약간 숙주나물 숙주 70g 참기름 약간 백김치 50g	감자밥 밥 140g(⅔공기) 감자 130g(1개) 호박된장찌개 호박·양파 50g 고등어무조림 고등어 50g 무 20g 두부양념조림 두부 80g 표고버섯볶음 표고버섯 70g 식용유 ½작은술 열무김치 50g	키위 100g
목	쌀밥 140g(⅔공기) 우거지사골국 우거지 50g 쇠고기죽순볶음 쇠고기 40g 죽순 30g 식용유 ½작은술 깻잎찜 깻잎 20g 참기름 약간 백김치 50g	보리밥 140g(⅔공기) 아욱국 아욱 50g 주꾸미볶음 주꾸미 50g 양파 10g 식용유 ½작은술 호박나물 호박 70g 참기름 약간 연근조림 연근 50g 깍두기 50g	콩밥 210g(1공기) 미역국 마른 미역 5g 두부부침 두부 80g 식용유 ½작은술 돼지고기장조림 돼지고기 40g 파래무침 파래 50g 배추김치 50g	우유 200ml 파인애플 100g
금	보리밥 140g(⅔공기) 쇠고기무국 무 50g 쇠고기 20g 새우전 새우살 40g 달걀 10g 식용유 1작은술 가지나물 가지·오이 70g 참기름 약간 열무김치 50g	비빔국수 마른 국수 60g 오이·양배추·당근· 호박·깻잎 110g 쇠고기 20g 달걀 25g 참기름 ½작은술 식용유 ½작은술 배추김치 50g	차조밥 210g(1공기) 동태매운탕 동태 50g 무·호박·쑥갓 50g 닭산적 닭살 40g 표고버섯·당근·파 50g 식용유 1작은술 콩나물무침 콩나물 70g 참기름 약간 깍두기 50g	우유 200ml 멜론 120g
토	바게트 70g(2조각) 스크램블드에그 달걀 55g(1개) 양파·완두 15g 식용유 1작은술 양상추토마토샐러드 양상추 50g 토마토 30g 간장 소스 약간 우유 200ml	흑미밥 140g(⅔공기) 냉이국 냉이 50g 돼지불고기 돼지고기 40g 양파·파 40g 식용유 ½작은술 상추쌈 상추 70g 꽈리고추조림 꽈리고추 30g 식용유 약간 배추김치 50g	콩밥 210g(1공기) 명란찌개 명란 50g 무·호박 50g 오징어무조림 오징어 50g 무 20g 깨순나물 깨순 70g 참기름 약간 김구이 1장 총각김치 50g	금귤 60g
일	닭죽 쌀 60g 닭살 40g 미나리나물 미나리 70g 참기름 약간 물김치 70g	쌀밥 140g(⅔공기) 무채국 무 50g 꽁치구이 꽁치 50g 식용유 1작은술 우엉조림 우엉 30g 식용유 약간 새송이버섯구이 새송이버섯 70g 식용유 약간 열무김치 50g	수수밥 210g(1공기) 근대국 근대 50g 사태찜 쇠고기 40g 무·당근 50g 해파리냉채 해파리 60g 오이 30g 부추오이무침 부추·오이 70g 참기름 약간 배추김치 50g	두유 200ml 방울토마토 250g

하루 1600kcal 1주일 식단

	아침	점심	저녁	간식
월	차조밥 140g(⅔공기) 시금치국 시금치 50g 가자미그릴구이 가자미 50g 미나리나물 미나리 70g 참기름 약간 백김치 50g	보리밥 210g(1공기) **콩나물국** 콩나물 50g 소불고기 쇠고기 80g 양파 20g 참기름 ½작은술 식용유 ½작은술 **호박잎쌈** 호박잎 100g 채소스틱 오이·당근·풋고추 70g 배추김치 50g	쌀밥 210g(1공기) **배춧국** 배추 50g 두부완자전 두부 65g 달걀 10g 식용유 1작은술 보리새우마늘종볶음 보리새우 15g 마늘종 50g 식용유 ½작은술 비름나물 비름 70g 참기름 약간 깍두기 50g	우유 200ml 수박 250g
화	쌀밥 210g(1공기) 쇠고기미역국 마른 미역 5g 쇠고기 10g 어포무침 어포 10g 참기름 약간 깻잎나물 깻잎 70g 식용유 약간 배추김치 50g	비빔밥 밥 210g(1공기) 콩나물·시금치·도라지·고사리 50g 쇠고기 20g 달걀 55g(1개) 참기름 ½작은술 식용유 ½작은술 쇠고기무국 무 50g 쇠고기 20g 열무김치 50g	완두밥 210g(1공기) 아욱국 아욱 50g 해물철판볶음 오징어 40g 새우 40g 소라 20g 양파·피망 40g 식용유 1작은술 머위나물 머위 70g 식용유 약간 연근초절임 연근 50g **배추김치** 50g	두유 200ml 복숭아 100g
수	토스트 식빵 70g(2장) 오믈렛 달걀 55g(1개) 양송이버섯·양파·토마토 20g 식용유 1작은술 채소샐러드 오이·그린비타민·크레송·무순· 알팔파 100g 우유 200ml	쌀밥 210g(1공기) 호박잎국 호박잎 50g 연두부조림 연두부 150g 동태전 동태 40g 달걀 10g 식용유 ½작은술 통도라지무침 통도라지 50g 참기름 약간 배추김치 50g	콩밥 210g(1공기) 미역국 마른 미역 5g 조기구이 조기 100g 식용유 ½작은술 고춧잎나물 고춧잎 70g 식용유 ½작은술 노각무침 노각 70g 참기름 약간 열무김치 70g	참외 120g
목	소라죽 쌀 60g 소라 40g 실파김무침 실파 60g 김 ½장 참기름 약간 쇠고기장조림 쇠고기 20g 물김치 70g	보리밥 140g(⅔공기) 무다시마국 무 50g 다시마 약간 닭찜 닭고기 80g 당근·양파·피망 40g 식용유 1작은술 **배추김치** 50g 시금치나물 시금치 70g 참기름 약간 오이생채 오이 70g 참기름 약간	완두밥 140g(⅔공기) 근대국 근대 50g 갈치무조림 갈치 50g 무 30g 달걀찜 달걀 55g(1개) 열무된장무침 열무 70g 참기름 약간 배추김치 70g	우유 200ml 자두 80g
금	흑미밥 140g(⅔공기) 시금치콩나물조개국 시금치·콩나물 50g 조갯살 30g 사태찜 쇠고기 40g 무·당근 50g 호박찜 호박 70g 참기름(양념장용) 1작은술 열무김치 50g	물냉면 국수 110g 쇠고기 40g 달걀 ½개 무·오이 70g 배 15g 무초절임 무 70g	보리밥 140g(⅔공기) 비지찌개 비지 100g 김치(씻은 것) 50g 오징어숙회 오징어 50g 오이 40g 참나물 참나물 70g 식용유 1작은술 깍두기 50g	우유 200ml 자몽 100g
토	모닝빵 70g(2개) 햄버그스테이크 쇠고기 40g 양파 15g 식용유 약간 양상추토마토샐러드 양상추 70g 토마토 15g 사과 드레싱 약간 우유 200ml	쌀밥 210g(1공기) 버섯매운탕 버섯 70g 무·콩나물 30g 돼지사태찜 돼지사태 80g 무 30g 곤약채소조림 곤약 70g 당근·양파·피망 20g 배추김치 50g	차조밥 210g(1공기) 된장찌개 두부 40g 호박·양파 40g 임연수어구이 임연수어 50g 식용유 약간 오이초선 오이 70g 표고버섯·당근 15g 쇠고기 10g 식용유 약간 **총각김치** 50g 고사리나물 고사리 50g 식용유 약간	방울토마토 200g
일	쌀밥 140g(⅔공기) 콩나물북어국 콩나물 70g 북어 15g 김 1장 참기름 1작은술 배추김치 50g	보리밥 210g(1공기) 배추사골국 배추 50g 해물찜 오징어 40g 새우 40g 미더덕 50g 콩나물·미나리 50g 식용유 약간 호박전 호박 40g 달걀 10g 식용유 약간 백김치 50g	콩밥 140g(⅔공기) 시금치토장국 시금치 70g 닭양념구이 닭살 80g 식용유 약간 도라지나물 도라지 50g 식용유 약간 양배추부추무침 양배추·부추 70g 배추김치 70g	두유 200ml 사과 100g

하루 1800kcal 1주일 식단

	아침	점심	저녁	간식
월	현미밥 140g($\frac{2}{3}$공기) 실파김달걀국 실파 30g 김 $\frac{1}{2}$장 달걀 25g 쇠고기장조림 쇠고기 20g 오이나물 오이 70g 식용유 약간 백김치 70g	쌀밥 210g(1공기) 미역국 마른 미역 5g 은대구양념구이 은대구 100g 식용유 약간 무조림 무 70g 참기름 약간 취나물무침 취 70g 참기름 약간 배추김치 50g	흑미밥 210g(1공기) 참치김치찌개 김치 50g 참치(기름 제거) 50g 돼지고기부추볶음 돼지고기 40g 부추 40g 식용유 약간 콩나물무침 콩나물 70g 참기름 약간 배추김치 50g	우유 400ml 배 200g
화	아욱죽 쌀 60g 아욱 50g 달걀말이 달걀 55g(1개) 식용유 1작은술 더덕무침 더덕 30g 참기름 약간 물김치 70g	수제비 밀가루 90g 호박·양파 70g 바지락 조갯살 70g 참기름 약간 동태조림 동태 50g 총각김치 50g	콩밥 210g(1공기) 열무된장국 열무 50g 닭살구이 닭살 80g 식용유 약간 양송이버섯볶음 양송이버섯 70g 식용유 약간 브로콜리무침 브로콜리 50g 참기름 약간 배추김치 50g	두유 400ml 오렌지 200g
수	토스트 보리식빵 70g(2장) 햄구이 햄 40g 양배추샐러드 양배추 70g 마요네즈 1작은술 우유 200ml	현미밥 210g(1공기) 해물된장찌개 오징어·새우·소라 50g 호박·양파·풋고추 40g 두부부침 두부 80g 식용유 1작은술 시금치나물 시금치 70g 참기름 약간 해초무침 해초 70g 열무김치 50g	쌀밥 210g(1공기) 육개장 쇠고기 40g 콩나물·머위대·파 70g 달걀 25g 참기름 1작은술 연근전 연근 50g 달걀 10g 식용유 약간 열무김치 50g	단감 200g
목	쌀밥 140g($\frac{2}{3}$공기) 명란찌개 명란 40g 무·호박 30g 파래무침 파래 70g 숙주나물 숙주 70g 참기름 약간 배추김치 50g	보리밥 210g(1공기) 콩나물국 콩나물 50g 너비아니구이 쇠고기 80g 참기름 $\frac{1}{2}$작은술 식용유 $\frac{1}{2}$작은술 참나물무침 참나물 70g 식용유 약간 양송이버섯구이 양송이버섯 70g 열무김치 50g	콩밥 180g 단배추된장국 단배추 50g 고등어그릴구이 고등어 50g 오징어오이무침 오징어 50g 오이 30g 참기름 약간 쑥갓나물 쑥갓 70g 참기름 약간 배추김치 50g	우유 400ml 귤 200g
금	완두밥 140g($\frac{2}{3}$공기) 조기매운탕 조기 50g 무·호박 50g 표고버섯삼색채 표고버섯·피망·양파 70g 식용유 1작은술 곤약조림 곤약 70g 열무김치 50g	회덮밥 밥 210g(1공기) 참치 100g 오이·양배추·쑥갓 70g 일본된장국 팽이버섯 20g 배추김치 50g	보리밥 210g(1공기) 아욱국 아욱 50g 누름적 쇠고기 60g 통도라지·당근·파 60g 달걀 30g 식용유 1$\frac{1}{2}$작은술 호박새우젓볶음 호박 70g 참기름 약간 무생채 무 70g 깍두기 50g	우유 400ml 딸기 300g
토	꽃빵 70g 쇠고기채소볶음 쇠고기 40g 표고버섯·양파·풋고추·피망 50g 부추오이무침 부추·오이 70g 오렌지 주스 200ml	강낭콩밥 210g(1공기) 오징어찌개 오징어 50g 무·호박 50g 돼지고기생강그릴구이 돼지고기 40g 도라지나물 도라지 50g 식용유 약간 깻잎찜 깻잎 20g 참기름 약간 배추김치 50g	쌀밥 210g(1공기) 미역국 마른 미역 5g 가자미구이 가자미 50g 식용유 약간 굴무침 굴 50g 무·미나리 50g 참기름 약간 고구마순나물 고구마순 70g 식용유 약간 총각김치 50g	우유 400ml 키위 200g
일	북어죽 쌀 60g 북어 15g 참기름 1작은술 미삼무침 미삼 50g 참기름 약간 물김치 70g	현미밥 210g(1공기) 시금치된장국 시금치 50g 쇠고기낙지볶음 쇠고기 40g 낙지 70g 양파·당근·오이 30g 식용유 약간 우무무침 우무 70g 참기름 약간 미나리나물 미나리 70g 참기름 약간 열무김치 50g	보리밥 210g(1공기) 콩나물국 콩나물 50g 닭조림 닭고기 40g 양파·당근 40g 식용유 약간 두부양념조림 두부 80g 취나물 취 70g 식용유 약간 배추김치 70g	두유 400ml 바나나 120g

오늘은 뭘 먹을까? 외식 & 간식 칼로리

한식

종류	음식의 양(g)	열량(kcal)
갈비구이	250(양념 포함)	550
불고기	250(양념 포함)	300
갈비탕	갈비 1대+쇠고기 밥 210(1공기)	580
설렁탕	고기 50 달걀 20 밥 210(1공기)	460
육개장	고기 50 달걀 20 밥 210(1공기)	490
김치찌개	400 밥 210(1공기)	450
된장찌개	작은 뚝배기 밥 210(1공기)	390
순두부찌개	작은 뚝배기 밥 210(1공기)	580
비빔밥	1인분	580
콩나물밥	1인분	400
물냉면	면 300 육수 400	450
비빔냉면	1인분	500
콩국수	1인분	500
칼국수	1인분	460
떡국	1인분	568
사골만두국	1인분	340
삼계탕	영계 1마리 찹쌀 30	800
전복죽	1인분	290

일식

종류	음식의 양(g)	열량(kcal)
메밀국수	면 350 국물 250	450
우동	1인분	470
튀김우동	1인분	594
유부우동	1인분	420
김초밥	300(10개)	360
유부초밥	300(10개)	500
생선초밥	250	340
회덮밥	410	520
달걀덮밥	280	575
쇠고기덮밥	280	719
돈가스덮밥	280	950
튀김덮밥	280	745
대구매운탕	작은뚝배기 밥 210(1공기)	510
알탕	작은뚝배기 밥 210(1공기)	560

■음식점에 따라 조리법과 양이 다르기 때문에 칼로리 차이가 날 수 있다. 여기서는 일반적인 조리법과 1인분의 양 또는 판매 단위를 기준으로 한다.

중식

종류	음식의 양(g)	열량(kcal)
자장면	1인분	660
짬뽕	1인분	540
우동	1인분	610
울면	1인분	520
볶음밥	볶음밥 350 자장 소스 100	720
잡채밥	1인분	716
탕수육	1접시(지름 29cm)	1780
군만두	10개	700

양식

종류	음식의 양(g)	열량(kcal)
안심스테이크	1인분(수프 샐러드 밥 포함)	860
포크커틀릿	1인분(수프 샐러드 밥 포함)	980
생선커틀릿	1인분(수프 샐러드 밥 포함)	880
햄버그스테이크	1인분(수프 샐러드 밥 포함)	900
미트소스스파게티	1인분	620
카르보나라	1인분	841
봉골레 스파게티	1인분	535
라자니아	1인분	760
그라탱	1인분	593
리조토	1인분	427
도리아	1인분	592
필레프	1인분	427
크림수프	20	85

분식

종류	음식의 양(g)	열량(kcal)
김밥	300(10개)	400
고기만두	350(10개)	340
쫄면	1인분	600
비빔국수	1인분	519
잔치국수	1인분	420
수제비	1인분	410
돌냄비우동	1인분	550
김치볶음밥	400	610
오므라이스	400	680
카레라이스	1인분	600

피자 & 패스트 푸드		
종류	음식의 양(g)	열량(kcal)
피자	100(1조각)	250
핫도그	1개	280
햄버거(맥도날드)	1개	260
햄버거(버거킹)	1개	310
프라이드치킨	70(1조각)	210
비스킷(패스트푸드)	75(1개)	275
애플파이	85(1개)	460
감자튀김	82(작은 것 1봉지)	224
콘샐러드	100(1컵)	126
아이스크림	60(1개)	100
밀크셰이크	240(1컵)	340

인스턴트 식품		
종류	음식의 양(g)	열량(kcal)
라면	120(1개)	500
컵라면	65(1개)	300
김치사발면	112(1개)	450
레토르트 커리	200(1봉지)	230
냉동 볶음밥	250(1봉지)	385
냉동 돈가스	100	225
냉동 새우튀김	300(10개)	370
돈가스 소스	40(1인분)	45
스파게티 소스	50(1인분)	30

명절 음식		
종류	어림치	열량(kcal)
생선전	1개	58
동그랑땡	1개	58
녹두빈대떡	1개(지름 17cm)	300
송편	1개	60
약식	1조각(5×6cm)	250
약과	1개	140
강정	1개	25
식혜	1컵	125
수정과	1컵	125

■당뇨병 환자가 피해야 할 간식
샌드위치 카스텔라 소보로빵 크림빵 슈크림 케이크 과자 탄산음료 이온음료 식이섬유음료 커피 떡볶이 순대 어묵 쥐치포 오징어 땅콩 팝콘
■피해야 되는 이유
당분과 포화 지방산이 많아서 당뇨병 환자가 먹으면 칼로리 섭취량이 많아지고 혈당 조절을 어렵게 하기 때문이다.
■술은 영양소는 없지만 칼로리가 높으므로 당뇨병 환자는 주의한다.

빵 & 떡 & 과자		
종류	음식의 양(g)	열량(kcal)
식빵	35(1장)	100
바게트	10(1조각)	30
베이글(플레인)	55(1개)	130
크루아상	50(1개)	160
찹쌀떡	70(1개)	160
인절미	15(1개)	30
저지방 크래커	154	810

음료수		
종류	식품의 양(ml)	열량(kcal)
오렌지 주스(무가당)	180(1컵)	92
토마토 주스(무가당)	180(1컵)	45
당근 주스	180(1컵)	60
우유	200(1컵)	125
저지방 우유	200(1컵)	100
다이어트 콜라	250(1캔)	30

유제품		
종류	1개의 양(g)	열량(kcal)
요플레(딸기)	110	120
꼬모(딸기)	110	115
비피더스(딸기)	110	85
요델리(딸기)	110	110
다농(딸기)	110	115
바이오거트(플레인)	100	95
불가리스	150	150
파스퇴르 요구르트	145	85
야쿠르트	65	80

tip 술의 칼로리는?

종류	알코올 농도(%)	1잔의 양(ml)	열량(kcal)
소주	25	50	90
청주(청하)	16	50	65
막걸리	6	200	110
고량주	40	50	140
맥주	6	200	95
생맥주	5	500	185
삼페인	6	150	65
위스키(패스포드)	40	40	110
백포도주(마주앙)	12	150	140
적포도주(마주앙)	12	150	125

index

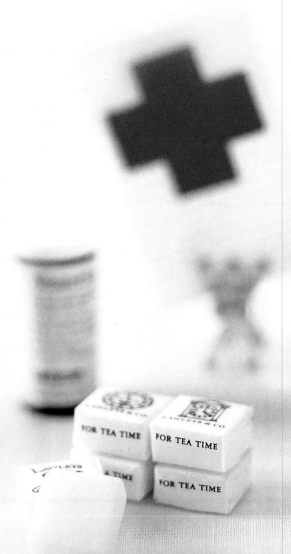

맛있게 먹으면서 치료하는 맞춤 식단

당뇨병 다스리는 최고의 밥상

초판 1쇄 발행 2004년 12월 11일
초판 15쇄 발행 2008년 12월 16일

발행인/김재호
편집인/최용원
출판국장/황의봉
출판팀장/김현미

감수/신경균 · 김장현 · 김은미
진행/김연주
요리/최승주
사진/이용근(스튜디오 하늘 02-3445-1955)
스타일링/신민상
교정/현의경

디자인/곽 창 · 윤영선
마케팅/김윤상 · 이정훈 · 유인석 · 정택구
스캔 · 출력/김광삼 · 최윤호 · 이상국 · 이수용 · 신광철

펴낸곳/동아일보사ⓒ
주소/서울시 서대문구 충정로3가 139번지(120-715)
전화/(02)361-1031~3(마케팅)
        (02)361-0967(편집)
등록/1968.11.9(1-75)
인쇄/우성프린팅

값/12,000원

ISBN 89-7090-388-7
      23590